そのクチコミは効くのか

久保田 進彦
澁谷 覚

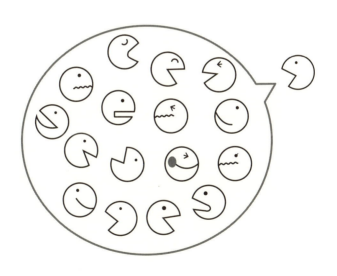

有斐閣

目　次

序　章　本書では何が語られるのか———— 1
　　　　——本書の主題とねらい

0-1　本書の主題 ……………………………………………… 1

0-2　議論の焦点 ……………………………………………… 2

0-3　本書の構成 ……………………………………………… 3

0-4　本書のねらい …………………………………………… 4

第 1 章　クチコミ・プラットフォームで何が生じているか—— 7
　　　　——本書の仮定と疑念効果の概要

はじめに　7

1-1　個人間コミュニケーション ………………………… 8
　　1-1-1　個人間コミュニケーションの分類　9
　　1-1-2　各領域の特性　11

1-2　個人間コミュニケーションのためのソーシャル・
　　プラットフォーム ……………………………………… 14
　　1-2-1　プラットフォームとソーシャル・プラットフォーム　14
　　1-2-2　ハブ型プラットフォーム　17
　　1-2-3　ハブ型プラットフォームの構造的特徴　18

1-3　集合型プラットフォームにおけるコミュニケーション・
　　スタイル ………………………………………………… 19
　　1-3-1　情報の関係性　20
　　1-3-2　集合型プラットフォームのコミュニケーション・
　　　　　 スタイル　22
　　1-3-3　クチコミ・プラットフォームにおけるコミュニケーション・
　　　　　 スタイルの主流　25

1-4　クチコミ・プラットフォームの特徴と問題 …………… 26
　　1-4-1　クチコミ・プラットフォームの特徴　27
　　1-4-2　クチコミ・プラットフォームの構造的問題　29
　　1-4-3　本書の仮定　32

1-5　疑念効果 ………………………………………………… 33
　　1-5-1　複数のクチコミにおける正負のバランス　34
　　1-5-2　クチコミ・プラットフォームの運営主体　34

i

1-5-3　疑念効果　36
　　　1-5-4　消費者がクチコミを参照するタイミングの影響　37
　　　1-5-5　疑念効果の重要性　38

　第 1 章のまとめ　39

第 2 章　良いクチコミは良い効果をもたらすか ─────── 41
　　　──先行研究のレビューと仮説の提示

　はじめに　41

2-1　概念整理と議論の枠組み ·· 41
　　　2-1-1　ラズウェルの枠組みと本書の議論の要素　41
　　　2-1-2　概念整理　43
　　　2-1-3　本書の議論の枠組み　45

2-2　クチコミの正負バランスの影響 ······································ 46
　　　2-2-1　肯定的・否定的なクチコミの影響　46
　　　2-2-2　シミュレーションとしてのクチコミ　47
　　　2-2-3　オンラインにおけるクチコミの正負バランスの影響　47
　　　2-2-4　既存研究　48
　　　2-2-5　仮説 1：正負バランス効果　52

2-3　クチコミ・プラットフォームの影響 ······························ 53
　　　2-3-1　他者に対する印象形成の研究　54
　　　2-3-2　コミュニケーションにおける情報源効果　54
　　　2-3-3　カテゴリー概念にもとづく印象形成　56
　　　2-3-4　プラットフォーム情報を用いたクチコミの情報処理　57
　　　2-3-5　仮説 2：プラットフォーム効果　62

2-4　疑念効果 ·· 62
　　　2-4-1　複数クチコミにおける片面提示と両面提示　62
　　　2-4-2　疑念効果の発生　63

2-5　事前のブランド選択行動の影響 ······································ 64
　　　2-5-1　確証バイアス　64
　　　2-5-2　確証バイアスの効果を検証するための実験　65
　　　2-5-3　事前のブランド選択行動に関する本書の枠組み　66
　　　2-5-4　事前のブランド選択行動による疑念効果の抑制　67
　　　2-5-5　仮説 3：疑念効果　67

　第 2 章のまとめ　68

第3章　疑念効果をどう確かめるか──────────── 69
──実験の概要

はじめに　69

3-1　実験素材の選定 ･･･ 69

3-2　実験の概要 ･･･ 70
3-2-1　実験計画　70
3-2-2　従属変数の測定　71
3-2-3　調整変数　71

3-3　実験の流れ ･･･ 72

3-4　実験用サイト ･･･ 74
3-4-1　事前のブランド選択行動　74
3-4-2　プラットフォーム　77
3-4-3　正負バランス　79

3-5　実験の実施 ･･･ 80
3-5-1　調査協力者　80
3-5-2　実験の日時・会場レイアウト・実験の流れ　80
3-5-3　割り付け　81

3-6　操作チェック ･･･ 81
3-6-1　操作チェック1（プラットフォーム要因の操作の確認）　82
3-6-2　操作チェック2（正負バランス要因の操作の確認）　83

3-7　スクール・サイト間の選好の差の確認 ･････････････････ 83
第3章のまとめ　84

第4章　消費者は良いクチコミをどう疑うか──────── 85
──実験結果の分析

はじめに　85

4-1　「正負バランス効果」（仮説1）および「プラットフォーム効果」（仮説2）の検証 ･･･････････････････････････････････ 85
4-1-1　検証の方法　85
4-1-2　分析結果　87

4-2　「疑念効果」（仮説3）の検証 ･････････････････････････････ 89
4-2-1　検証の方法　89
4-2-2　分析結果　91
4-2-3　追加分析　96

目　次　iii

第 4 章のまとめ　97

第 5 章　良いクチコミを疑うのは誰か——99
——消費者特性の影響

はじめに　99

5-1　議論の焦点 —99
5-1-1　教育程度に着目する理由　100

5-2　「教育程度」の影響の分析 —101
5-2-1　分析の方法　101
5-2-2　分析結果　101

5-3　織り込み効果 —109
5-3-1　分析結果の再検討　109
5-3-2　隠された情報の存在を織り込んだ態度修正　110
5-3-3　織り込み型態度修正の発生要件　111

第 5 章のまとめ　112

第 6 章　疑念効果はどうしたら抑制されるのか——115
——類似性の影響

はじめに　115

6-1　議論の理由と分析の流れ —116
6-1-1　なぜ疑念効果の抑制について知ることが大切なのか　116
6-1-2　分析の流れ　116

6-2　分析 1：「クチコミが参考になった程度」→「満足／利用意向」 —119
6-2-1　分析の方法　119
6-2-2　分析結果　119

6-3　分析 2：「類似性の知覚」→「クチコミが参考になった程度」 —120
6-3-1　分析の方法　120
6-3-2　分析結果　121

6-4　分析 3：「類似性の知覚」→「満足／利用意向」 —122
6-4-1　分析の方法　122
6-4-2　分析結果　122

6-5 分析4:「類似性の知覚」→「クチコミが参考になった
程度」→「満足／利用意向」 ………………………… 123
　　6-5-1　分析の方法　123
　　6-5-2　分析結果　124

第6章のまとめ　129

第7章　社会と研究にどのように活かせるか──────── 131
　　──まとめとインプリケーション

はじめに　131

7-1 仮定・仮説・分析結果の整理 ………………………… 131
　　7-1-1　仮定と仮説の整理　131
　　7-1-2　分析結果の整理　133
　　7-1-3　良いクチコミの悪いはたらき　136

7-2 研究伝統における位置づけ ………………………… 136
　　7-2-1　正負バランス効果（仮説1）　137
　　7-2-2　プラットフォーム効果（仮説2）　137
　　7-2-3　疑念効果（仮説3）　139
　　7-2-4　疑念効果と教育程度（第5章）　141
　　7-2-5　織り込み効果（第5章）　142
　　7-2-6　類似性の認知（第6章）　142

7-3 本書から得られる実務的インプリケーション ………… 144
　　7-3-1　プロモーショナル型プラットフォームの活用　144
　　7-3-2　正負バランスの調整　145
　　7-3-3　疑念効果への対応　145
　　7-3-4　織り込み効果の回避　147

7-4 消費者保護のためのインプリケーションと倫理的
ガイドライン …………………………………………… 148
　　7-4-1　消費者保護のためのインプリケーション　148
　　7-4-2　プロモーショナル型プラットフォームの倫理的ガイドライン
　　　　　　150

7-5 本書の限界と今後の課題 …………………………… 152
　　7-5-1　正負バランスの設定　152
　　7-5-2　プラットフォームの操作方法　153
　　7-5-3　態度の変化値の測定　154
　　7-5-4　対価を伴うソーシャル型プラットフォームへの配慮　155

目　次　v

Appendix-1 　ソーシャル・グラフとインタレスト・グラフ　157

Appendix-2 　水平的交換市場とソーシャル・プラットフォーム　158

Appendix-3 　実験素材選定のための事前調査　165

Appendix-4 　実験の内容　169

　Appendix-4a：ウェブ・サイトの基本構造　171

　Appendix-4b：カバー・ストーリー（4パターン）　173

　Appendix-4c：英会話スクールのサイト（5種類）　177

　Appendix-4d：クチコミ提示前説明文（4パターン）　180

　Appendix-4e：クチコミ（12種類）　182

　Appendix-4f：各質問項目　185

　Appendix-4g：デブリーフィング紙　186

　Appendix-4h：会場レイアウトと実験参加者の動線　187

　Appendix-4i：実験条件に対する参加者の割り付け結果　188

　Appendix-4j：操作チェックデータの回収状況　189

参考文献　191

あとがき　199

索　引　203

本書のコピー，スキャン，デジタル化等の無断複製は著作権法上での例外を
除き禁じられています。本書を代行業者等の第三者に依頼してスキャンや
デジタル化することは，たとえ個人や家庭内での利用でも著作権法違反です。

序章

本書では何が語られるのか
──本書の主題とねらい──

0-1. 本書の主題

　私たちの生活において，クチコミは欠くことのできない情報源である。世の中の話題や流行，政治や経済の憶測，職場や学校のうわさなど，良きにつけ悪しきにつけ，私たちはさまざまな場面でクチコミに接してきた。そうしたなか，かつてと比べて大きく変わったのは，オンラインのクチコミが増えたことである。クチコミにはフェイス・トゥ・フェイス（対面）で提供されるものとオンラインで提供されるものがあるが，アクセスの容易性や検索性などの面において，後者の利便性は前者を圧倒しており，これがオンラインのクチコミを増加させてきた。

　オンラインのクチコミが増えるにしたがい，評価のためにクチコミを利用する機会もいっそう多くなった。クチコミは，政治や経済の情報のように，社会認識のための手がかりとして参考にされることもあれば，流行の話題や芸能人のうわさのように，娯楽として消費されることもある。さらには，どの製品やサービスが良いかを判断する手がかりとして，評価のために利用されることもある。もちろん評価の対象となるのは，企業の販売する製品やサービスにとどまらない。進学先や就職先，旅行先や居住地，文化や芸術，経営者や政治家など，クチコミを利用した評価の対象はさまざまである。

　クチコミに接する場面が身近な他者との会話に限られていたころ，お目当て

I

の対象（たとえば気になる製品やサービス）に関するクチコミ情報を取得できる可能性は必ずしも高くなかった。しかしオンライン・クチコミが普及した今日では，こうした対象について，かなりの確率で情報を入手できる。結果として，評価のためにクチコミを利用するという行動は，私たちにとっていっそう日常的なことになった。

　もちろん，私たちはいつも単純にクチコミを信じるわけではない。オンライン・クチコミへの疑わしさは，おそらく誰もが感じたことがあるだろう。オンライン・クチコミは影響力を発揮するときもあれば，発揮しないときもある。こうした点を踏まえると，オンライン・クチコミの影響力がどのようなときに高まるのかを検討することは重要な課題となる。

　本書の主題は，好ましいクチコミが増加しているにもかかわらず評価が高まらないという，興味深い現象を明らかにしていくことにある。「疑念効果」（doubt effect）と命名されたこの現象は，後述するように，人々がクチコミ・プラットフォームの運営主体による情報操作を疑うことで生じるものであり，プラットフォームによって生み出される負の影響について説明するものである。疑念効果は，きわめて自然で一般的な現象でありながら，明示的に検討されてこなかった。このため本書における議論は，学術的にも，実務的にも，さらには消費者保護の観点においても重要なものとなる。

0-2. 議論の焦点

　いかなる議論もその焦点と前提を明確にすることで正確性が増し，理解も深まりやすくなる。ここでいう焦点とは議論の範囲ないしは対象であり，前提とは仮説や主張を構築するための仮定となるものである。議論の焦点と前提を明確にすることの大切さは，疑念効果の場合も例外でない。これらのうち議論の前提（すなわち本書の仮定）については第1章で述べることとし，ここではまず議論の焦点について整理する。

　本書はオンライン・クチコミの有効性について検討するものである。クチコミの有効性について考えるとき，最初に意識しなくてはならないのが，誰に対する，どのような影響を議論の対象とするかである。これは観察の水準（ない

しは分析の単位)の問題として考えることができる。たとえばある対象に関するクチコミの有効性について検討するとき，クチコミに接触した「個人」が，そこで取り上げられている対象を覚えたり，良いと思ったり，実際にそれを選んだりすることを検討することができる。あるいはまた，クチコミに取り上げられることで，その対象の「社会的」な知名度が上がったり，評判が高くなったり，製品やサービスであれば売上や利益が高まるといったことを検討することもできる。いうまでもなく，前者は個人を観察の水準としており，後者は特定の社会を観察の水準としている。

　これらの観点はどちらも重要だが，本書は個人を観察の水準（ないしは分析の単位）として議論を進めていく。つまり，どのような場合に，ある対象に関するオンライン・クチコミに接触した人が，その対象を好ましく評価したり（態度形成），あるいは何らかの行動をとろうとするのか（行動意図）が議論の焦点となる。

　こうした水準での議論において，クチコミの有効性に影響を与えうる要素はいくつもある。たとえば発信者に帰属する要素（専門性，信用性，類似性など），情報の内容（認知的・情緒的，片面提示・両面提示など），プラットフォームに帰属する要素（相互作用性，インターフェイスのデザインなど），受信者に帰属する要素（知識，関与，性格など），さらにはクチコミに対する周囲の反応（同意・反論・無視など）などである。これらはいずれも，疑念効果と関係がないとは言い切れないが，本書ではすべてについて網羅的に検討するのではなく，疑念効果ととくに関連性が深いと考えられる要素に焦点を絞り，議論を進めていく。

0-3. 本書の構成

　本書の構成は次のとおりである。第1章ではクチコミ・プラットフォームの特徴と構造的問題について整理した後で，疑念効果について概略的な説明をする。第2章では，疑念効果について既存研究を踏まえた学術的議論を行い，3つの仮説を導く。続く第3章と第4章では，これら3つの仮説を実験によって検証する。具体的には，第3章において実験手続きの概略について述べたうえで，第4章において分析結果を報告する。さらに第5章と第6章では追加的な

序章　本書では何が語られるのか　3

分析を行う。そして第7章では仮説と分析結果の整理，研究伝統における位置づけ，実務的インプリケーション，倫理的問題，本書の限界と今後の課題などについて言及していく。

0-4. 本書のねらい

　本書の執筆者である久保田と澁谷はマーケティングに軸足をおく研究者である。このため本書は基本的に，マーケティング主体である企業（ないしは組織）の視点から論じられることになる。しかし本書の真意はそこだけにあるわけではない。いかにしたら売上や利益を獲得できるかという視点にとらわれず，オンライン・クチコミを参照した人々の意思決定について，できるだけ科学的な立場から説明することが筆者らのねらいである。

　もちろん，オンライン・クチコミを用いた人々の意思決定について知ることは，企業のマーケティング活動にとって役立つだろう。しかし，人がどのようなときにオンライン・クチコミを信じやすくなるのかを知ることは，消費者としての私たちにとっても，あるいは経済活動におけるもう一方の当事者である政府や自治体にとっても意味深いことである。

　このように本書は，マーケティング現象を取り上げたものでありながら，マーケターや一部の研究者のためだけのものではない。そこで，より多くの読者に議論を理解してもらうために，できるだけ読みやすい構成を心がけることにした。たとえばマーケティング関係者にはよく知られている概念や枠組みであっても，一般には馴染みがないと考えれられるものについては，できるだけ丁寧に説明をすることにした。また学術書によく見られる「註」を用いず，大切な事柄は可能な限り本文中で説明をするようにした。さらに研究者や学生には必要であるものの，一般の読者にはやや詳細すぎると考えられる資料やデータは，Appendmy として巻末にまとめることにした（研究者や学生の方々は，本書の内容をより深く検討するために，これらの資料やデータも参考にしてほしい）。

　なお本書では「ブランド」および「消費者」という言葉を頻繁に使用するが，これらはいずれも便宜的なものであることをあらかじめ断っておく。私たちがオンライン・クチコミを利用して評価するものには，製品やサービスだけでな

く，人，組織，場所，行動，カテゴリー，思想なども含まれる。それらの中にはブランド（銘柄）という範疇におさまりきらないものも多いが，本書では表記を単純化するために，ひとまとめにして「ブランド」と記述していく。またこのブランドを評価したり選択する主体についても，本来であれば人々，生活者，市民など，いろいろな概念が当てはまるのだが，やはり単純化のために「消費者」という表現に統一して記述していく。

第1章

クチコミ・プラットフォームで
何が生じているか
──本書の仮定と疑念効果の概要──

はじめに

　今日，多くの人がオンライン・クチコミの利便性を享受している。しかしその一方で，「ネット・クチコミはどこか疑わしい」と感じている人も少なくない。こうした疑わしさの原因は，クチコミ発信者が真実を語っていない可能性と，クチコミ・プラットフォームの運営者が情報を操作している可能性の2つに大別できるだろう。

　これら，クチコミ発信者に対する疑いと，クチコミ・プラットフォームの運営者に対する疑いのうち，本書において議論の対象となるのが後者である。本書では「クチコミ・プラットフォームは，その運営主体が自らに有利なかたちで情報伝達をすることが可能である」という仮定のもとで，議論を展開していく。

　この仮定は，私たちの常識に沿ったものであり，直感的に理解しやすいものである。しかしその一方で，なぜこのようにクチコミ・プラットフォームの運営者たちが，自分に都合の良いかたちで情報を伝えることが可能かを正確に説明するには，一定の議論が必要となる。やや手間のかかる作業となるが，本書ではこうした仮定の背景について，できるだけ丁寧に説明していく。なぜなら，仮説構築の基盤となる仮定に矛盾がないことを明らかにすることで，議論全体の妥当性を保つことができるからである。

　また，このような作業を行うことによって，いくつかの副次的な効果も期待

7

できる。まず仮定について理解を深められるだけでなく，仮説の設定において重要となる概念（たとえば正負バランスやプラットフォームなど）について，事前に理解することが可能となる。さらに現代のオンライン・クチコミを支えるプラットフォームについて，理解を深めることができる。これらの点を踏まえると，仮定の背景（クチコミ・プラットフォームでは，なぜ運営者たちが自分に都合の良いかたちで情報を伝えることが可能か）について詳細な議論を行うことには，十分な意義があるといえるであろう。

　本章の流れは以下のとおりである。はじめに，①オンライン・クチコミは個人同士のコミュニケーションの中で生まれ，伝達されるものであることを踏まえ，現代の個人間コミュニケーションについて大まかに整理する。次に，②オンラインでの個人間コミュニケーションの場となるソーシャル・プラットフォームについて，機能的な構造を中心に整理する。さらに，③ソーシャル・プラットフォーム上で展開されている個人間コミュニケーションのスタイルについて，情報の関係性という点から整理する。そのうえで，④これらオンライン・クチコミを構成する諸側面の検討から，クチコミ・プラットフォームの構造的な問題を明らかにする。最後に，⑤この構造的な問題を前提としたうえで，疑念効果の大枠について説明する。

　以上のうち①〜④が，疑念効果の前提となる仮定の背景についての説明である。したがって本章のかなりの部分は，疑念効果自体でなく，その土台となる仮定の説明に費やされることになる。本書の中心となる疑念効果についてのみ理解したい読者は，これらを読み飛ばし，⑤に相当する「1-5 疑念効果」（33ページ）から読み始めてもよいであろう。

　なお本章における，⑤疑念効果の説明は概略的なものである。疑念効果についての，既存研究を踏まえた学術的な議論は第2章で行うことになる。

1-1. 個人間コミュニケーション

　クチコミは個人同士のコミュニケーションの中で生まれ，伝達される。個人間コミュニケーションは，いわばクチコミの基盤である。

　現代の個人間コミュニケーションは「オンライン／オフライン」および「ソ

図 1-1：個人間コミュニケーションの分類

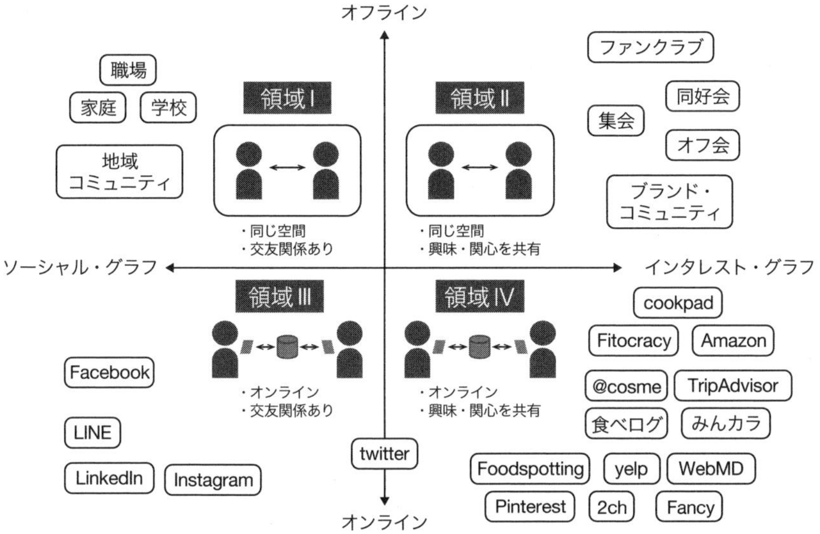

（出所）　澁谷　2017, p. 25 を加筆修正。

ーシャル・グラフ／インタレスト・グラフ」の2軸によって整理することがで
きる（図1-1）。はじめに個人間コミュニケーションを整理するためにこれら2
つの軸を用いる理由を説明し，次に2軸の組み合わせで示される，それぞれの
領域について説明する。

1-1-1. 個人間コミュニケーションの分類

✧ オンラインとオフライン

　第1の軸は「オンライン／オフライン」である。周知のとおり1990年代半
ばに始まったインターネットの普及は人々の生活を大きく変えることになった。
とりわけ個人のコミュニケーションや情報探索への影響は著しく，その多くが
オンラインで行われるようになった（Klein and Ford 2003）。個人間コミュニケ
ーションは，インターネットの登場を契機として大きく変化したのである。

　オンライン・コミュニケーションの広がりは，研究者の目にも興味深いもの
として映った。インターネット上のコミュニケーションは従来のコミュニケー
ションと異なる特性を有しており，多くの研究者の関心をよぶことになったた

第1章　クチコミ・プラットフォームで何が生じているか　9

めである（Kozinets 2002）。こうした動向についてブラウンらは，「1940年代から1980年代の研究と比較して，1990年代からは［中略］まったく別の段階に入った」（Brown, Bocarnea, and Basil 2002, p. 246）と述べている。

　ただし，今日でも個人間のコミュニケーションの多くはオフラインで行われており，そこにおけるクチコミの重要性が薄れたわけではない（Keller and Fay 2012）。クチコミが交わされる場は，オフラインからオンラインへと変化したのではなく，オフラインにオンラインが加わるかたちで広がったのである。したがって現代の個人間のコミュニケーションを整理するには，オンラインとオフラインの双方を取り込むかたちで枠組みを設定するのが適切だと考えられる。

◈ ソーシャル・グラフとインタレスト・グラフ

　第2の軸は「ソーシャル・グラフ／インタレスト・グラフ」である。ソーシャル・グラフとは社会的に関係のある者同士の結びつきであり，インタレスト・グラフとは興味や関心の近い者同士の結びつきである（Bagozzi 2000; Pollitt 2014; Rashad 2012; Rouse 2010; 澁谷 2017, 巻末の Appendix-1 も参照）。たとえば，クラスメートや同僚とのつながりはソーシャル・グラフであり，同じ趣味の人同士や，共通の価値観を持っている人同士の結びつきはインタレスト・グラフといえる。

　家族，友人，知人といった，当事者同士の社会的関係をベースとしたコミュニケーションは，インターネットが普及する以前の個人間のコミュニケーションにおける基本であった。たとえばパーソナル・コミュニケーションに関する初期の代表的研究を見ると，「対人関係が［中略］，伝達内容の通路となる」（Katz and Lazarsfeld 1955, p. 34）と述べられており，個人間の社会的関係がコミュニケーションの前提とされている。また同様に，ブラウンとレインゲンもそれまでのクチコミ研究を総括して，クチコミ行動は消費者間の社会的関係によって生起し規定されると述べている（Brown and Reingen 1987）。彼らの研究がインターネットの普及直前に行われたものであることを踏まえると，インターネットが一般化するまで，個人間のコミュニケーションはソーシャル・グラフによるものが主だったことがわかる。

　こうした状況の中，インタレスト・グラフという概念が注目されるようにな

ったのは，オンライン・コミュニケーションにおける消費者の情報入手先がソーシャル・グラフで結ばれた知り合いではなく（Hoffman and Novak 1996; Lim and Van Der Heide 2015），興味や関心の似た他者であることが指摘されるようになったためである（Bickart and Schindler 2001; Reagans 2011）。かつては，自分と興味・関心が同じ人とコミュニケーションをしたくても，そういう人を知らなかったり，知っていても連絡をとる方法がないことが多かったが，インターネットの普及はこれを一変させた。

　もちろん，インターネットが普及することで人々のコミュニケーションのすべてが変化したわけではない。友だち同士の会話に見られるように，実際のところ，今日でも個人間コミュニケーションの多くはソーシャル・グラフにおいて行われている（Keller and Fay 2012）。したがって，現代の個人間のコミュニケーションを整理するには，ソーシャル・グラフとインタレスト・グラフの双方に配慮するのが適切だと考えられる。

✥ 個人間コミュニケーションの分類枠組み

　以上のような考え方にもとづき，現代の個人間コミュニケーションを4つの領域に類型化したものが，前掲の図1-1である（澁谷2017）。この図は個人間コミュニケーションを，「どこで」および「誰と誰が」という2軸によって4つの領域に分類したうえで，個人間コミュニケーションが実現される典型的な場またはプラットフォームをそのうえに配置している。以下では，この分類枠組みに示された各領域の特性について説明する。

1-1-2. 各領域の特性

✥ オフライン（領域Ⅰ，領域Ⅱ）のコミュニケーション

　図1-1のうち，領域Ⅰと領域Ⅱはオフラインにおけるコミュニケーションである。オフラインにおけるコミュニケーションでは，手紙や電話のような手段を用いない限り，当事者らは同じ空間にいて，対面でコミュニケーションを行うことになる。先に見たブラウンの指摘のように，これらはインターネットが一般に普及する1990年代以前から研究対象とされてきた領域である。

　領域Ⅰは，知り合い同士によるオフラインでのコミュニケーションである。

第1章　クチコミ・プラットフォームで何が生じているか　11

インターネットによるコミュニケーションが盛んになるまで，クチコミといえ
ばこの領域のコミュニケーションがほとんどであった。アメリカ大統領選挙に
おける投票行動を調査したラザースフェルドら（Lazarsfeld, Berelson, and Gaud-
et 1944）などを嚆矢として，これまで領域Ⅰには膨大な研究が蓄積されてきた。
　領域Ⅱは興味・関心を同じくするものの，面識のない当事者同士が，主とし
て同一空間内において対面で行うコミュニケーションである。すでに述べたよ
うに，インターネットが普及するまで，人々がインタレスト・グラフで結ばれ
る可能性のある他者を見出す機会は必ずしも多くなかった。インタレスト・グ
ラフにもとづくコミュニケーションが実現するかは，たまたま周囲にそのよう
な人がいるかどうかに左右されていたのである。
　これを裏づけるように1984年に行われた調査では，複雑性の高い製品のこ
とを「もっとも相談したい相手」は誰かという質問に対し，91％の回答者が
「詳しい友人や親戚・知人」と答えており，同じ興味・関心を有する相談相手
をソーシャル・グラフで結ばれた知り合いの中（つまり友人や親戚や知人）から
探さざるをえなかった当時の状況が示されている。またさらに，これら回答者
のかなりの割合は，「実際にはそうした詳しい友人や親戚・知人を知らないか，
知っていても連絡をとる方法がない」と答えている（Price and Feick 1984）。
　概していえば，インターネットというツールが普及するまで，領域Ⅱのコミ
ュニケーションは緊急時における情報の伝達など特殊な場合に限られてきたよ
うである。このような状況を反映して領域Ⅱを対象としたコミュニケーション
の研究は，（うわさや流言，デマ，都市伝説あるいは緊急時におけるニュースの伝達
などを除くと）これまであまり蓄積されてこなかった。

✤ オンライン（領域Ⅲ，領域Ⅳ）のコミュニケーション

　領域Ⅰと領域Ⅱのコミュニケーションに続き，領域Ⅲと領域Ⅳのコミュニケ
ーションについて説明していく。領域Ⅲと領域Ⅳは，オンラインにおけるコミ
ュニケーションである。対面的なコミュニケーションと異なりオンライン・コ
ミュニケーションでは，ネットワーク内の特定の場所に情報が集積され，とき
には取捨選択や編集が加えられ，見やすいレイアウトに収められたり検索機能
などが加えられたりして提供されることが少なくない。詳しい説明は次節で行
うが，こうしたネットワーク上でクチコミが提供される基盤をプラットフォー

ム（正確にはソーシャル・プラットフォーム）という。領域ⅢおよびⅣにおける
コミュニケーションは，電子メールによるコミュニケーションを除くと，現在
その大半がプラットフォームを介して行われている。

　領域ⅢとⅣを対比しながら検討する。領域Ⅲはソーシャル・グラフで展開さ
れるオンライン・コミュニケーションである。この種のコミュニケーションは，
今日一般に SNS（social networking service）とよばれるプラットフォーム，（た
とえば Facebook や LINE など）によって実現されることが多い。領域Ⅳはイン
タレスト・グラフで展開されるオンライン・コミュニケーションである。この
種のコミュニケーションは，テーマ性を持った掲示板やクチコミ・サイト，あ
るいはオンラインのブランド・コミュニティのようなプラットフォームにおい
て実現されることが多い（Heinonen 2011）。

　領域Ⅲと領域Ⅳはいくつかの点において対照的である。まずソーシャル・グ
ラフで結ばれる領域Ⅲでは，社交のためにコミュニケーションが行われること
が多く，インタレスト・グラフで結ばれる領域Ⅳでは，情報交換のためにコミ
ュニケーションが行われることが多い。領域Ⅲではコミュニケーション自体が
目的となりやすいのに対して，領域Ⅳでは，コミュニケーションによって知識
を交換したり，問題解決をすることが目的となりやすいわけである。

　また社交的な性格の強い領域Ⅲでは，幅広い人と幅広い話題が交わされやす
く，「広がり」のあるコミュニケーションが行われるのに対して，特定のテー
マに興味のある者が集う領域Ⅳでは，1つの話題が深掘りされやすく，「深まり」
のあるコミュニケーションが行われる。広告コミュニケーションの概念を用い
れば，領域Ⅲではリーチ（到達）を獲得しやすく，領域Ⅳでは関心を得やすい。

　さらに領域Ⅲの場合，オンラインで結びついている個人同士の間に，オフラ
イン（領域Ⅰ）でもコミュニケーションの通路（交友関係）が存在することが
多い。SNS において結びついているクラスメート同士は，現実の社会生活に
おいても交友関係にあることがよくある。逆に領域Ⅳでは，領域Ⅲと比べて見
知らぬ他者とのコミュニケーションが行われやすい。同じ関心を共有するもの
の，素性を知らない相手とのやりとりが行われることが珍しくないわけである。
「弱い紐帯の力」（strength of weak ties: Granovetter 1973）といわれるように，
直接的には面識のない他者，つまり社会的な結びつきの弱い他者の方が，家族
のような身近な他者と比べて，自分の知らない有益な情報を持っていることが

第 1 章　クチコミ・プラットフォームで何が生じているか　13

多いとされるが，領域Ⅳでのコミュニケーションには，このような効果が期待できることになる。

　以上のようにインタレスト・グラフによる関係では，（自分の知らない有益な情報を持つことが多い）見知らぬ他者と，情報交換を目的とした深いコミュニケーションが展開されやすい。このため第4節でも指摘するように，クチコミに特化したプラットフォームにはインタレスト・グラフを想定したものが多い。

　なおオンライン・コミュニケーション全般に見られる特徴として，領域Ⅲと領域Ⅳのいずれにおいても，行為者同士が直接やりとりをするだけでなく，他の行為者を傍観するという現象が存在する。こうした参加スタイルは，古くから「潜伏」（lurking）として指摘されてきた。一般的な傾向として，プラットフォームにおける少なからぬ割合のコミュニケーションも，この潜伏に相当するものであり，傍観者としてのコミュニケーションである。

1-2. 個人間コミュニケーションのためのソーシャル・プラットフォーム

　前節ではクチコミの基盤となる個人間コミュニケーションについて検討した。そして，今日のオンライン個人間コミュニケーションの多くが，プラットフォーム（正確にはソーシャル・プラットフォーム）で行われていると述べた。それでは個人間コミュニケーションのベースとなるソーシャル・プラットフォームには，どのような特徴があるのだろうか。言い換えれば，オンラインの個人間コミュニケーションは，どのような場で行われているのだろうか。

　以下では，まずプラットフォームならびにソーシャル・プラットフォームという概念について簡単に説明する。つづいて，個人間コミュニケーションのためのソーシャル・プラットフォームがハブ型であることを指摘し，さらにその特徴について整理する。

1-2-1. プラットフォームとソーシャル・プラットフォーム

　はじめに，プラットフォームならびにソーシャル・プラットフォームという概念について簡単に説明する。プラットフォームは，近年，経済学や経営学に

おいて高い関心を持たれている概念である。プラットフォームの意味は研究領域において若干異なるが，本書の問題意識と照らし合わせると「複数のユーザーを仲介し，それらのマッチングや，やりとりのために利用される基盤」と定義できる（立本 2017）。この定義からわかるように，プラットフォームは異なる行為者を結びつけて，ネットワークを構築する基盤としてはたらく。つまり，やりとりの「インフラ」であり，やりとりの「ルール」を提供することになる。これはプラットフォームの本質が，異なる行為者同士の「仲介」だということを意味している。（立本 2017）。

　プラットフォームという概念はさまざまな場面に適用できるが，本書で扱うのはその一類型の「ソーシャル・プラットフォーム」である。プラットフォームという概念が非常に幅広いものであるのに対して，ソーシャル・プラットフォームという概念は，社会を構成する人々を結びつけ，彼らの間で交換や共有を実現するものに対して用いられる。したがって SNS，クチコミ・サイトやクチコミ・ページ，BBS（電子掲示板），チャットやインスタント・メッセンジャーなど，今日普及している個人間コミュニケーション・ツールの多くがソーシャル・プラットフォームに該当する。

　ただしソーシャル・プラットフォームとは，こうした個人間のコミュニケーション（つまり当事者同士の情報の交換や共有）を目的としたものだけではない。ペレンとコジネッツ（Perren and Kozinets 2018）はソーシャル・プラットフォームに，フリー・マーケット，オークション，シェアリング，ソーシャル・リース，クラウド・ファンディングなど，当事者らの間で何らかの交換や共有が行われる，さまざまなプラットフォームが含まれると指摘している（巻末のAppendix-2 も参照）。

　プラットフォームの意味が研究領域において若干異なるように，ソーシャル・プラットフォームの意味も論者によって相違するが，本書の想定するソーシャル・プラットフォームは以下のようなものである。まずそれは，複数の行為者を媒介することで，行為者同士のやりとり，つまり交換や共有の基盤となる。より詳細に述べれば，上述したように，やりとりのインフラとなるとともに，やりとりのルールを提供する。またそこでは，郵便のような物理的な手段でなく，インターネットに代表される情報技術によってやりとりが実現される（Perren and Kozinets 2018; 立本 2017）。

さらに本書はソーシャル・プラットフォームを，何らかの主体によって運営される，集権的なシステムないしはサービスと想定している。ソーシャル・プラットフォームのこうした特徴は，電子メールと比較するとわかりやすい。

　利用者自身が意識することは少ないが，電子メールの場合，複数の独立したサーバーの間をメール情報がリレー形式で伝達されていく。すなわち，いくつものシステムの間を伝言ゲームのような仕組みで情報が受け渡されていく。こうしたシステムは特定の運営者に依存せずに全体が維持されるという意味で分散的であり，また特定の運営者によってシステム全体がコントロールされないという意味で分権的だといえる。

　これとは対照的に，今日のソーシャル・プラットフォームのほとんどは特定の運営主体によってシステム全体が維持され，コントロールされている。最近になって，異なる主体によって運用される複数のサーバー同士を相互に接続することで ID 情報やメッセージを交換する分散型・分権型の SNS（たとえば Mastodon など）もあらわれてきたが，いまのところあまり普及していない。

　したがって今日のソーシャル・プラットフォームは SNS，クチコミ・サイトやクチコミ・ページ，BBS，チャットやインスタント・メッセンジャーなど，そのスタイルはさまざまだが，構造的にはほぼ集中的であり集権的だと考えられる。またこのことは，今日のソーシャル・プラットフォームの大半に特定の運営主体，すなわち「プラットフォーマー」が存在することを意味している。

　以上のように本書ではソーシャル・プラットフォームを，①複数の行為者を媒介することで，行為者同士の交換や共有を実現する基盤となる，②インターネットに代表される情報通信技術を活用した，③行為者同士を結ぶ集権的なシステムないしはサービスと想定している。またそれゆえ本書では，ソーシャル・プラットフォームを「インターネットに代表される情報通信技術を活用して実現された，行為者同士の情報の交換や共有を可能とする，集権的なシステムないしはサービス」と定義する。

　なおこれらの特徴や定義と照らし合わせると，図 1-1 に示されたオンラインの個人間コミュニケーション（つまり領域Ⅲおよび Ⅳ におけるコミュニケーション）のほとんどが，ソーシャル・プラットフォームによって仲介されていることがわかる。

1-2-2. ハブ型プラットフォーム

　さて上述したように，ソーシャル・プラットフォームにはさまざまな種類の
プラットフォームが含まれるが，これらのうち個人間コミュニケーションのベー
スとなるソーシャル・プラットフォームには，どのような特徴があるのだろ
うか。言い換えれば，オンラインの個人間コミュニケーションは，どのような
場で行われているのだろうか。

　まず個人間コミュニケーションのためのソーシャル・プラットフォームは，
物やサービスの売買や交換，あるいは他者との出会いを目的とするソーシャ
ル・プラットフォームと異なり，情報の交換や共有を主要な目的としている。
つまり個人と個人の情報のやりとりを仲介することが，そこにおける中核機能
となる。

　こうした個人間コミュニケーションのためのソーシャル・プラットフォーム
には SNS，クチコミ・サイトやクチコミ・ページ，BBS，チャットやインス
タント・メッセンジャーなどさまざまなタイプがあるが，いずれにおいてもコ
ミュニケーション活動の管理や調整が，プラットフォームの提供するシステム
の上で行われているという特徴がある。

　またこれらの大半には，当事者同士がオンラインないしはオフラインで直接
交流する機会が提供されていないという特徴もある。もちろん若干の例外はあ
るが，相手の電話番号やメール・アドレスを示したり，住所を知らせたり，あ
るいはオフラインで対面する機会を積極的に提供するプラットフォームは少な
い。このため，そこでのコミュニケーションはプラットフォームに深く依存し
ており，プラットフォームが機能しないことで，相手との連絡が途絶えること
さえある。

　ペレンとコジネッツ（Perren and Kozinets 2018）は，上述したような，プラ
ットフォームによって提供されたシステムの上でコミュニケーション活動の管
理や調整が行われうる状態を「プラットフォーム介在性」の高い状態とよび，
当事者同士が直接交流する機会がプラットフォームによって提供されていない
状態を「コンソーシャリティー」の低い状態とよんでいる。そして彼女らは，
このような「高プラットフォーム介在性×低コンソーシャリティー」によって

第 1 章　クチコミ・プラットフォームで何が生じているか　17

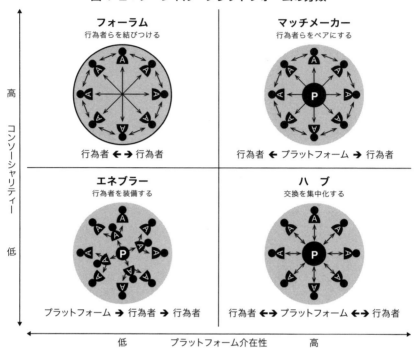

(注) 図中のPはプラットフォーム，Aは行為者（アクター）を，意味する。
(出所) Perren and Kozinets 2018, p. 27を一部修正。詳細はAppendix-2を参照。

特徴づけられるプラットフォームを「ハブ型」プラットフォームとよんでいる（図1-2，巻末のAppendix-2も参照）。

1-2-3. ハブ型プラットフォームの構造的特徴

　ハブ型プラットフォームは2つの構造的特徴を持っている。それは①プラットフォームをハブ（軸）として，そこから伸びたスポーク（輻）の先に，それぞれの行為者が存在していることと，②行為者同士を直接結びつけるつながりが存在しないことである（図1-2）。

　これら2つの構造的特徴は，ハブ型プラットフォームにおける情報の流れを規定することになる。すなわちそこでは，プラットフォームが交換における中

心点となり，「行為者 A とプラットフォーム」と「行為者 B とプラットフォーム」という，複数の分離的（discrete）な情報フローが組み合わさることで，情報のやりとりが成立している。

　したがってハブ型プラットフォームにおいて，それぞれの行為者は，（他の行為者ではなく）プラットフォームとやりとりをすることになり，2 つの分離した相互作用によって結ばれることになる（行為者↔プラットフォーム↔行為者）。言い換えれば，ハブ型プラットフォームでは，行為者同士のやりとりが直接的にではなく，すべて，行為者らの中心に位置するプラットフォームを介して行われることになる。

　この結果，ハブ型プラットフォームでは，プラットフォームに依存した相互作用が展開されることになる。また対応する行為者とプラットフォームのフロー（たとえば行為者 A から見た行為者 B とプラットフォームのやりとり）を直接確認することはできなくなる。

　これらは，いずれも上に述べた 2 つの構造的特徴が組み合わさることで生じるものであり，個人間コミュニケーションのためのプラットフォームの大半にあてはまるものである。ソーシャル・プラットフォームにはさまざまな種類が存在するにもかかわらず，現在主流の個人間コミュニケーションのためのプラットフォームは，（一見すると多様に思えるものの）いずれも構造的に類似しているわけである。

1-3. 集合型プラットフォームにおけるコミュニケーション・スタイル

　前節では，オンライン個人間コミュニケーションのベースとなるソーシャル・プラットフォームがハブ型であることが明らかになった。本節では若干視点を変え，このプラットフォーム上で，どのように情報がやりとりされているかについて検討する。

　SNS，クチコミ・サイト，BBS など，オンライン個人間コミュニケーションのベースとなるソーシャル・プラットフォームでは，多くの人から発信された情報を一度に閲覧できるよう，複数の情報を 1 カ所に集めて表示することが多い。こうしたスタイルのプラットフォームを，情報の集合性が高いという意

味で「集合型プラットフォーム」とよぶことにする。以下では，この集合型プラットフォームに存在する複数の情報を，情報の関係性という観点からとらえることで，そこで展開されるコミュニケーションのスタイルを4つに分類していく。そして，クチコミ・プラットフォームにおけるコミュニケーション・スタイルの主流について明らかにしていく。

1-3-1. 情報の関係性

集合型プラットフォームには単一ではなく，複数の情報が存在する。このため集合型プラットフォームの情報は，それらが互いにどう関係しているかという，情報の関係性の観点から整理することができる。

一般に関係とは，複数の要素間における何らかの「関わり」を指すが，この関わりには異なる2つの意味が含まれている。1つは「結合性」としての関わりであり，いま1つは「類似性」としての関わりである。関係という概念がこれら2つの意味を持っているのは，マーケティング領域でも例外でない。たとえば得意客との関係性といったときには結びつきとしての意味で用いられているし，ポジショニング・マップにおけるブランド同士の関係は類似性（ないしは相違性）としての意味で用いられている（久保田 2012）。

関係には「結びついている」という側面と「似ている」という側面があることを踏まえると，集合型プラットフォームに存在する情報もこれら2つの次元を用いて整理することができる。こうした考えにもとづき，本書では複数の情報が内容的に互いに結びついている程度を「内容の相互依存性」という変数を用いて記述し，複数の情報が主題的に類似している程度を「主題の特定性」という変数を用いて記述することにする。

✛ 内容の相互依存性

内容の相互依存性とは，集合型プラットフォームに存在する個々の情報が，内容的に相互依存関係にあることを意味している。この相互依存性の高低は，プラットフォームにおける情報の表示形態と深く関連している。

内容の相互依存性の高さは，すでに存在する情報のあとに新たな情報が書き加えられていく追加記入型のプラットフォームによって実現されることが多い。

この種のプラットフォームは、スレッド、トピック、ツリー、ルーム、コメント・チェーンなどとよばれる。

追加記入型のプラットフォームでは既存情報のあとに新規情報が書き加えられていくことになるが、このとき参加者全員に既存の情報が同じかたちで提示されることが一般的である。つまりそこでは誰もが同じ画面を見ることになる。これは追加記入型のプラットフォームが、参加者全員に同質的な情報接触を可能とする、共有された情報交換の場として機能していることを意味している。

追加記入型のプラットフォームにおいて、参加者らはこの共有された場に存在する情報を理解したうえで、新たな情報を加えていくことを求められる。結果として、個々の情報間の相互依存性は自然と高くなり、参加者同士の相互作用性も高くなる。また個々の情報の関連性が高くなることで、情報全体に文脈が生じやすくなる。

他方、内容の相互依存性の低さは、参加者らが既存の発言を意識せず、個別的に情報を発信していくスタイルのプラットフォームにおいて実現されることが多い。このような個別記入型のプラットフォームは、多くのSNSに見ることができる。個別記入型のプラットフォームでは、上述したような共有された情報交換の場が存在しなかったり、存在していたとしても既存情報を理解したうえでの情報発信が求められないため、個々の情報間の相互依存性が低くなる。この結果、完結性の高い情報が集まりやすくなり、全体としての文脈性は低くなる。

以上のように、内容の相互依存性の高さは、共有された情報交換の場という環境と、既存情報を踏まえた情報追加という規範が並存することによって生じ、逆に相互依存性の低さは、これらの場や規範が存在しないことによって生じる。

✥ 主題の特定性

主題の特定性とは、個々の情報が何らかの主題（テーマ）に沿っていることを意味している。

主題の特定性の高さは、プラットフォーム上に存在する個々の情報が特定の主題（テーマ）と関連したものに限定されることで実現される。このため主題の特定性の高さは、専門性の高さということもできる。主題の特定性が高い場合、特定の内容に限定した情報交換が行われることになるため、参加者もその

主題に関心の高い人が主になる。このためそこでは深掘りされた情報（あるいは専門的な情報）が多く見られるようになり、問題解決のための情報交換も頻繁に行われる。また特定の対象に関する情報交換に向いているため、インタレスト・グラフと親和性が高くなる。さらに特定の主題に関心の高い人が参加しているため、自らの知識を披露したり、意見を主張したりするのに適しており、またその主題に詳しい人たちによって意見が交わされるため、詳細な情報や専門的な情報を得やすくなる。

　他方、主題の特定性の低さは、プラットフォーム上に存在する個々の情報が、特定の主題（テーマ）に限定されることなく、一般的であることで実現される。したがって主題の特定性の低さは、主題の多様性（あるいは幅の広さ）ともいえる。主題の特定性が低い場合、特定のテーマに限定されないため、幅広い人が参加しやすい。このため情報そのものよりも、社交を目的とする場合に向いており、ソーシャル・グラフと親和性が高くなる。また幅広い人が参加しているので、発信者にとっては、情報の広がりが期待できる（拡散効果）。さらに、バラエティに富んだ内容の情報が交換されるため、受信者にとって、世の中の状況を俯瞰したり、いま社会で何が流行しているかを知る手がかりとなる（マーケット・メイブン効果）。

　なおソーシャル・グラフやインタレスト・グラフが参加者のタイプに関する概念であるのに対して、主題の特定性の高低はプラットフォームでやりとりされる情報の関係性に関する概念である。したがって両者は意味的に異なるものであるが、上述したように、参加者の興味・関心の集中度（ないしは分散性）という点において、深い関連性がある。

1-3-2. 集合型プラットフォームのコミュニケーション・スタイル

　内容の相互依存性と主題の特定性を組み合わせることで、集合型プラットフォームで展開されるコミュニケーション・スタイルを4つのタイプに分類できる（図1-3）。

✧ 4つのタイプ

　タイプAは内容の相互依存性が高く、主題の特定性が低い情報によって構

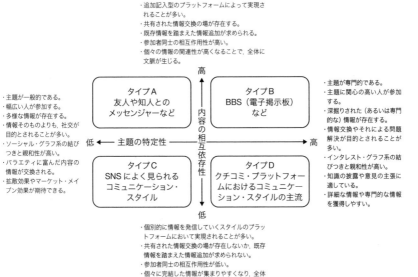

成されるコミュニケーション・スタイルである。この種のコミュニケーションは、クラスメート、ママ友、職場の同僚のようなソーシャル・グラフ系のつながりで構成されるメッセンジャー（たとえばLINEの「グループトーク」など）で見ることができる。タイプAの特徴は、こうした集団におけるオンラインの日常会話を思い浮かべると理解しやすいだろう。そこでは、すでに存在する会話の流れに沿って新たな発言が加えられていくため、個々の情報は内容的に相互依存性の高いものとなる。また会話の内容はバラエティに富んでおり、多彩な話題が取り上げられることになる。こうしてタイプAでは、さまざまな話題について、参加者が互いに語り合うかたちでコミュニケーションが展開していく。

　タイプBは内容の相互依存性が高く、主題の特定性も高い情報によって構成されるコミュニケーション・スタイルである。この種のコミュニケーションは、2ちゃんねる（5ちゃんねる）、大手小町、価格.comの「クチコミ」ページ、Yahoo!知恵袋、GoogleグループといったBBS型のプラットフォームで見ることができる。タイプBのコミュニケーションも、すでに存在する会話の流

れに沿って新たな発言が加えられていくため，個々の情報は内容的に相互依存性の高いものとなる。しかし会話の内容が特定の主題に沿っている点において，タイプ A と異なっている。タイプ B では特定のテーマに関心の高い参加者らによって，相互に関連した情報が交わされるため，1 つの話題が掘り下げられていく傾向が強くなる。また特定のテーマに沿いながら，文脈を意識した発言がなされることで，情報全体としての内容の統一性は相対的に高くなる。

　タイプ C は内容の相互依存性が低く，主題の特定性も低い情報によって構成されるコミュニケーション・スタイルである。この種のコミュニケーションは Facebook，Twitter，Instagram など，大多数の SNS で見ることができる。タイプ C では，個々の書き込みは他の書き込みと直接的に関連しておらず，書き込みの内容もバラエティに富んでいて，特定の主題に限定されない。各人が思い思いに情報を発信していくため，個々の情報の関係性は希薄になり，情報全体としての内容的な統一性は低くなる。このため特定のテーマの議論には向かないが，その反面で参加者各人の動向や興味関心，さらには世の中の情勢を俯瞰することが可能となる。

　タイプ D は内容の相互依存性が低く，主題の特定性が高い情報によって構成されるコミュニケーション・スタイルである。この種のコミュニケーションは Amazon の「レビュー」コーナー，@コスメの「クチコミ」ページ，価格.com の「レビュー」ページ，食べログの「口コミ」ページなどで見ることができる。タイプ D では，特定の主題に沿っているものの，文脈的な制約が弱く，他の発言を意識する必要がないため，さまざまな視点からの書き込みが可能となる。このため多面的な意見が集まり，内容的な広がりを見せることがある。また特定のテーマについて，完結性の高い情報が列挙されるため，複数の意見や評価を比較しやすくなる。

✧ 各スタイルの特徴と活用

　4 つのタイプのコミュニケーション・スタイルにはそれぞれ特徴があるため，目的によってどれが最適かも異なってくる。たとえばバラエティに富んだ情報に接したいときにはタイプ A やタイプ C が適しており，特定の領域の情報に接したいときにはタイプ B やタイプ D が適している。また企業がマーケティング目的で消費者間コミュニケーションに参加する場合，幅広い消費者の認知，

態度，行動に影響をおよぼしたいのであれば，主題の特定性の低いタイプA
やタイプC（つまりソーシャル・グラフ型）が適しており，逆に絞り込まれた消
費者を対象とするならば，主題の特定性の高いタイプBやタイプD（つまりイ
ンタレスト・グラフ型）が適していることになる。

　なお実際には，あるプラットフォームの中で複数のスタイルが組み合わされ
て用いられていることも珍しくない。たとえば内容の相互依存性が低いタイプ
CやタイプDでは，1つの話題について複数人で議論するということが少なく，
参加者同士の結びつきも希薄化する。このため参加者同士の相互作用性を確保
するために，特定の情報の下に「コメント欄」といったかたちで追加記入型の
プラットフォームを補助的に組み込むことも多い。

1-3-3. クチコミ・プラットフォームにおけるコミュニケーション・スタイルの主流

　さて，このように4つのタイプはいずれも長所を持っているが，いわゆる
「クチコミ・サイト」や「クチコミ・ページ」を見渡すと，現実にはクチコミ
に特化したソーシャル・プラットフォームの多くが，タイプDのコミュニケー
ション・スタイルを採用しているようである。これはクチコミ自体を娯楽と
して楽しむのではなく，何らかの問題解決のために，手軽に活用しようとする
消費者が多いためであろう。

　クチコミに特化したプラットフォームの大半がタイプDであることについ
て，もう少し詳しく検討する。まず大前提として，クチコミに特化したプラッ
トフォームには集合型プラットフォームが多い。これは数多くの人の発言を効
率的に取得できるという特徴が，ブランド評価のためのクチコミ接触において
魅力的であるからであろう。多くの人は，あるブランドの良し悪しを知るため
に，誰か一人の意見ではなく，世評を参考にしたいと考えている。

　次に複数のクチコミ情報をブランド評価のために活用するのであれば，それ
らが秩序なく散在しているよりも，テーマに沿って整理されている方が使い勝
手が良い。したがって，クチコミに特化したプラットフォームでは，主題の特
定性が高いタイプBとタイプDのスタイルを採用するのが望ましくなる。

　さらにタイプBと比べてタイプDは，以下に述べる4つの理由から，手軽
さを求める一般的な消費者にとってユーザビリティーが高い。まず個々の発言

第1章　クチコミ・プラットフォームで何が生じているか　25

の相互依存性が低いために，①既存の発言を確認したり，文脈を意識せず，自由に発言ができるうえに，②複数の情報を自由に並べ替えたり，取捨選択して閲覧することができる。またやはり個々の発言の相互依存性が低いことによって，対象となるブランドの評価がクチコミごとに独立して行われることになるが，こうした特性を活かすために，評価方法が「星」の数のような形式で標準化されていることが多い。そしてこの標準化された評価変数が存在することによって，③個々のクチコミの評価を把握しやすくなるうえに，④クチコミ全体の評価傾向も集約的に理解しやすくなる。以上のようにタイプBと比べてタイプDは，①発言の容易性，②閲覧の容易性，③個別評価の把握容易性，④評価集約の容易性において優れており，これが一般的な消費者におけるユーザビリティーを高めている。

　ただしこれは，タイプBと比べてタイプDの方が，クチコミ・プラットフォームにおけるコミュニケーション・スタイルとして常に優れているという意味ではない。たしかに気軽に投稿したり，手早く評価を知るにはタイプDが適しているが，深掘りされた情報を交換するにはタイプBの方が適している。このため，そのカテゴリーやブランドに対する知識や関与度の高いマニアックな消費者には，タイプBの方が好まれる可能性がある。また趣味性の高いカテゴリー（マニアが多いカテゴリー）では，タイプBの有効性が高くなることも考えられる。したがってタイプBとタイプDは，クチコミ・プラットフォームのコミュニケーション・スタイルとして異なる優位性を持っている。しかしそれでも現実には，上述したようにブランド評価を目的としたクチコミ・プラットフォームの多くがタイプDを採用しており，大半の消費者がブランド評価において簡便性を求める傾向があることがうかがえる。

　以上のように今日のクチコミ・プラットフォームにおけるコミュニケーション・スタイルの主流はタイプDであり，そこではインタレスト・グラフで結びついた消費者のための，より簡便なブランド評価環境が提供されている。

1-4. クチコミ・プラットフォームの特徴と問題

　第1節から第3節まで，個人間コミュニケーションやオンライン・クチコミ

が展開されるプラットフォームの特徴などについて検討をしてきた。そこでは
さまざまな角度から議論が展開されたため、いささか混乱気味の読者もいるか
もしれない。そこで本節では、まずこれまでの議論を振り返り、主要な論点を
整理する。そのうえで、クチコミ・プラットフォームの構造的問題を指摘し、
あらためて本書の仮定を示すことにする。

1-4-1. クチコミ・プラットフォームの特徴

　第1節では、オンラインにおける個人間コミュニケーションがソーシャル・
グラフによるものと、インタレスト・グラフによるものに分けられることを指
摘した。そしてインタレスト・グラフによる関係では、（自分の知らない有益な
情報を持つことの多い）見知らぬ他者と、情報交換を目的とした深いコミュニ
ケーションが展開されやすいため、クチコミに特化したソーシャル・プラット
フォームにはこのタイプの結びつきを想定したものが多いことを指摘した。
　第2節では、オンライン個人間コミュニケーションのベースとなるソーシャ
ル・プラットフォームの特徴について検討した。この結果、今日の（クチコ
ミ・プラットフォームを含む）個人間コミュニケーションのためのソーシャル・
プラットフォームは、そのほとんどが、プラットフォームを中心とした、分離
的な情報フローによって特徴づけられる「ハブ型」であることが明らかになっ
た。
　第3節では、オンライン個人間コミュニケーションのベースとなるソーシャ
ル・プラットフォームの多くが集合型プラットフォームとよべることを指摘し
たうえで、そこに存在する情報を、内容の相互依存性と主題の特定性という変
数によって整理した。そしてクチコミに特化した集合型プラットフォームの多
くが、内容の相互依存性が低く、主題の特定性が高いコミュニケーション・ス
タイル（タイプD）を採用していることを指摘した。またその理由として、ク
チコミ自体を娯楽として楽しむのではなく、何らかの問題解決のために、手軽
に活用しようとする消費者が多いためであろうという推察を行った。
　これら第1節から第3節までの議論は、誰が（行為者）・どこで（場）・何を
（内容）交換するか、という3つの次元に対応している。第1節は、情報の発
信者と受信者の関係について焦点を合わせたものであり、行為者らの関係の構

第1章　クチコミ・プラットフォームで何が生じているか　27

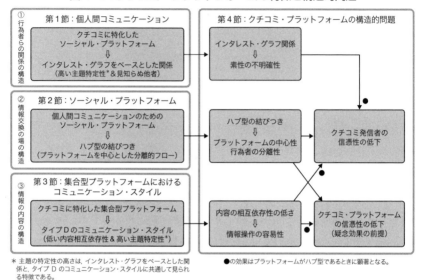

図1-4：クチコミ・プラットフォームの特徴と構造的問題

造についての議論である。第2節は，情報がやりとりされる場の構造に焦点を合わせたものであり，情報の交換や共有の場の構造についての議論である。第3節におけるコミュニケーション・スタイルの検討は，集合型プラットフォームにおいて交換される情報が内容的にどのような構造であるかに焦点を合わせたものであり，情報の内容の構造についての議論である。

こうして個人間コミュニケーションが展開されるソーシャル・プラットフォームについて，①それらを構成する行為者らの関係の構造，②情報交換が展開される場の構造，③やりとりされる情報の内容の構造という3側面から記述することで，クチコミ・プラットフォームには，①インタレスト・グラフを前提とした，②ハブ型の結びつきの中で，③内容の相互依存性が低く，主題の特定性の高いやりとりが行われるという特徴があることを明らかにした。なおこれらのうち，主題の特定性の高さは，クチコミ・プラットフォームの多くがインタレスト・グラフをベースとした関係を想定していることと対応していた（図1-4左側）。

1-4-2. クチコミ・プラットフォームの構造的問題

　上述したクチコミ・プラットフォームの特徴は，消費者同士のコミュニケーションを円滑にする反面で，いくつかの構造的な問題も生み出すことになる。以下ではこれらクチコミ・プラットフォームの構造的問題について整理する。なお議論をできるだけ簡潔化するために，やや変則的となるが，②情報交換の場の構造（ハブ型の結びつき）がもたらす問題，③情報の内容の構造（内容の相互依存性の低さ）がもたらす問題，①行為者らの関係の構造（インタレスト・グラフ関係）がもたらす問題の順序で整理をしていく（図1-4左側）。

⊕ ハブ型の結びつきがもたらす問題──プラットフォームの中心性と行為者の分離性
　すでに述べたようにオンライン・クチコミで用いられることの多い集合型プラットフォームは，（タイプA〜Dのいずれであったとしても）ハブ型があてはまる。すなわちそこでは，プラットフォームに媒介されつつ，互いに接点のない当事者同士で，クチコミ情報が交換される（行為者↔プラットフォーム↔行為者）。こうした構造によって，ハブ型プラットフォームでのやりとりは二重のリスクを抱えることになる。
　第1のリスクは，「プラットフォームの中心性」に起因するものである。社会ネットワーク理論の概念を用いれば，ハブ型プラットフォームは個人同士のコミュニケーション・ネットワークの構造的空隙（structural holes）を埋める位置に存在しており，高い媒介中心性（betweenness centrality）を誇っている。ただし構造的空隙とはネットワーク内で結びつきが存在しない部分のことであり（Burt 1992），媒介中心性とは，あるノードがネットワーク上の情報伝達にとって不可欠な程度のことである（Freeman 1977）。
　ハブ型プラットフォームの運営主体は，このようにネットワークの中心に位置取りすることで，価値ある情報を，より早く獲得することが可能となる。また複数の行為者の間で，自分に都合が良いように情報をコントロールすることで，漁夫の利を得ようとすることもできる。これらはそれぞれ情報利益（information benefit）および統制利益（control benefit）といわれる（Burt 1992）。結果として，ハブ型プラットフォームの運営主体は情報の「アクセス」と「コン

トロール」において優位性を獲得することになり（立本 2017），これがプラットフォームの運営主体に機会主義的な行動の可能性を与えることになる。

　もう1つのリスクは「行為者の分離性」，すなわちハブ型プラットフォームでのやりとりにおいて，行為者同士が直接的な接点を持っていないことに起因するものである。行為者は互いに分離しているため，対応する行為者とプラットフォームのフロー（たとえば行為者Aから見た行為者Bとプラットフォームのやりとり）を直接確認することが困難となる（Perren and Kozinets 2018）。こうした場合，行為者Aにとって，プラットフォーム越しに行為者Bの行動を知ることはできるものの，行為者Bが実存するのかもわからなければ，本当にそのような行動をとっているかもわからなくなる。行為者Aが行為者Bの行動をモニタリングできないという構造は，プラットフォームの運営主体と行為者Bの双方に機会主義的な行動の可能性を与えることになる。

　以上のようにハブ型プラットフォームは「プラットフォームの中心性」と「行為者の分離性」によって，プラットフォームの運営主体にも行為者同士にも機会主義的行動が生じやすいという，二重のリスクを含むことになる。

❖ 内容の相互依存性の低さがもたらす問題——情報操作の容易性

　第3節で述べたようにタイプD（およびタイプC）のコミュニケーション・スタイルには，内容の相互依存性の低さによって，文脈を意識せず自由な発言が可能になるという特徴があった。この発言の容易性はタイプD（およびタイプC）のユーザビリティーを高めることになるが，同時に「さくら的な書き込み」も容易にする。たとえばアルバイトなどを起用して，虚偽の情報や歪曲された情報を大量に追加することが，簡単にできる。

　またタイプD（およびタイプC）には，やはり内容の相互依存性の低さによって，複数の情報を自由に並べ替えたり取捨選択して閲覧できる，閲覧の容易性という特徴があった。しかしこの特徴を逆手にとれば，プラットフォームの運営者が数多くのクチコミから都合の良いものだけを恣意的に選んで並べたり，不都合な情報を隠すことが可能となる。個々の情報が互いに無関係であり，全体的な文脈性に乏しいため，新たに情報を加えたり，一部だけを見せたり，あるいは逆に一部しか見せなかったとしても，違和感が生じにくいからである。

　こうした情報操作が実際に行われる可能性は，プラットフォームがハブ型で

あるときに高くなると考えられる。なぜなら，もし行為者間にプラットフォームを介さない直接的なつながりがあれば，プラットフォームの運営者によって情報操作が行われたとしても，このルートから直接伝達される情報と照らし合わせることで見抜くことができる。また他の行為者によるプラットフォームへの情報操作も監視しやすくなるため，やはりこれを見抜ける可能性が高まる。いずれの場合も，ネットワークの冗長性が高くなることで複数のルートから伝わる情報を見比べられるようになり，情報操作を看破できる可能性が高まるわけである。逆に，プラットフォームがハブ型であれば，行為者間に直接的なつながりがないため，こうした可能性は低くなる。

　以上のようにタイプD（およびタイプC）のコミュニケーション・スタイルには，情報の追加，抽出，隠匿が簡単にできることから，「情報操作の容易性」が高くなるという問題がある。そしてこの情報の操作は，前述したプラットフォームの中心性と行為者の分離性と組み合わさることで，顕在化しやすくなる。

❖ インタレスト・グラフ関係がもたらす問題——素性の不明確性

　タイプDのコミュニケーション・スタイルには，相互依存性の低さだけでなく，主題の特定性が高いという特徴もあった。主題の特定性が高いコミュニケーションでは特定の内容に限定した情報交換が行われるため，参加者もその主題に関心の高い人が主になる。つまりインタレスト・グラフによって結びついた人たちによって，コミュニケーションが展開される。

　第1節では，このようなコミュニケーションを領域Ⅳとして説明した。そしてそこでは同じ関心を共有するものの，素性を知らない相手とのやりとりが行われることが珍しくないため，見知らぬ他者とのコミュニケーションが多くなることを指摘した。

　見知らぬ他者とのコミュニケーションは，前述した「弱い紐帯の力」という点で魅力的だが，その反面で相手の素性がわからないという問題も生み出すことになる。つまり匿名であったり，名前を知っていたとしても，実際はどのような人であるかを知らなかったりする。

　ただし行為者の分離性が成立していない場合，ある行為者は他の行為者と，プラットフォームを介さずに直接的なコミュニケーションを行うことができるため，相手の素性を知りやすくなる。したがってこの「素性の不明確性」は，

行為者の分離性が成立しているときに深刻になると考えられる。

❖ 構造的問題の影響

　以上のように，個人間コミュニケーションのベースとなるソーシャル・プラットフォームには「プラットフォームの中心性と行為者の分離性」「情報操作の容易性」「素性の不明確性」という問題が存在する。これらの問題は，ハブ型というコミュニケーションの場の構造（第2節），タイプDというプラットフォーム上の情報の内容の構造（第3節），そしてインタレスト・グラフという行為者らの関係の構造（第1節）から生まれるものであり，いずれもクチコミ・プラットフォームにおける構造的問題といえる。3つの構造的問題はオンライン・クチコミの信憑性を低下させ，疑わしさをもたらすことになる。

　構造的問題の影響について整理する。3つの問題は，発信者の信憑性に関わるものと，プラットフォームの信憑性に関わるものに分けられる。プラットフォームの中心性と行為者の分離性は，プラットフォームの運営主体と行為者の機会主義的行動を可能にするものであり，プラットフォームの信憑性とクチコミ発信者の信憑性の両方に関わる。情報操作の容易性も，プラットフォームの運営主体と行為者の機会主義的行動を可能にするものであり，プラットフォームの信憑性とクチコミ発信者の信憑性の両方に関わる。そして，見知らぬ他者とのコミュニケーションから生み出される素性の不明確性は，クチコミ発信者の信憑性に関わる。

　したがってプラットフォームの中心性と行為者の分離性，ならびに情報操作の容易性は，それ単独で，あるいは組み合わさることによって，クチコミ・プラットフォームの信憑性を低下させることになる。またプラットフォームの中心性と行為者の分離性，情報操作の容易性，ならびにインタレスト・グラフ構造は，それ単独で，あるいは組み合わさることによって，クチコミ発信者の信憑性を低下させることになる（図1-4右側）。

1-4-3. 本書の仮定

　ここまで論じてきたようにクチコミ・プラットフォームには，プラットフォームの運営主体による機会主義的行動の可能性という，構造的な問題が存在す

る。より具体的に述べれば，大多数のクチコミ・プラットフォームには「プラットフォームの中心性と行為者の分離性」および「情報操作の容易性」という2つの問題が存在し，これがプラットフォーマーに有利なかたちで情報伝達をすることを可能としている。

　こうした考えから，本書は冒頭でも述べたように「クチコミ・プラットフォームは，その運営主体が自らに有利なかたちで情報伝達をすることが可能である」という仮定をしている。この仮定は，クチコミ・プラットフォームではプラットフォーマーが機会主義的行動をとることが容易だということを意味しており，本書の議論はこの前提のもとで展開されることになる。

　本書の仮定とその背景について議論が定まったので，残る課題は疑念効果についての概略的な説明となる。次節において述べるように，本書ではこれら大半のクチコミ・プラットフォームに組み込まれている構造的な問題を土台としつつ，状況によって変化するいくつかの要因が組み合わさることで，疑念効果が生じると考えている。

1-5. 疑念効果

　本節では疑念効果について概略的な説明を行う。疑念効果は，①複数のクチコミにおける正負のバランスの影響，②オンライン・クチコミが提供されるプラットフォームの影響，③消費者がクチコミを参照するタイミングの影響，という3つの観点を組み合わせることで説明できる。以下では，それぞれの観点について説明していく。

　なおここまで本書では，オンライン・クチコミが提供される基盤をソーシャル・プラットフォームとして説明してきた。これに対して疑念効果の説明を行うには，クチコミが提供されるプラットフォームを，その運営主体の違いによってプロモーショナル型プラットフォームとソーシャル型プラットフォームに分けることになる。これら「ソーシャル・プラットフォーム」と「ソーシャル型プラットフォーム」は，概念的にはまったく異なるにもかかわらず表記が似ており，そのまま用いると混乱を生じやすい。そこで本書では，以後，とくに断りのない限り，ソーシャル・プラットフォームを単にプラットフォームと記

第1章　クチコミ・プラットフォームで何が生じているか　33

述していく。

1-5-1. 複数のクチコミにおける正負のバランス

疑念効果を構成する第1の観点は、複数のクチコミにおける正負のバランス（比率）が、消費者の意思決定におよぼす影響である。すでに述べたように、クチコミに特化したプラットフォームの多くは集合型であり、そこには複数のクチコミが集積している（集積性）。またこれらのクチコミには、通常、肯定的なクチコミ（正のクチコミ）と否定的なクチコミ（負のクチコミ）の双方が混在している（混在性）。こうした環境において消費者は一度に複数のクチコミに接することになるが、本書はこのときの正のクチコミと負のクチコミの比率、すなわち複数クチコミの正負のバランスが消費者のブランド評価に影響をおよぼすと考えている。より詳細に述べれば、消費者はクチコミ情報を他者による代理体験ととらえ、多くの人が肯定的な体験をしているほど、そのブランドから価値を得られる可能性が高いと推論するだろうという仮定にもとづき、正のクチコミの比率が高いほど、彼らのブランド評価（ブランド態度や購買意図など）は高まると考えている。

1-5-2. クチコミ・プラットフォームの運営主体

第2の観点は、クチコミ・プラットフォームの運営主体の違いが、消費者の意思決定におよぼす影響である。プラットフォームはその設置・管理・運営などに、ブランドの当事者企業（ブランドを所有する企業や提携関係にあるパートナー企業など）が関与しているか否かによって「プロモーショナル型」と「ソーシャル型」に分けることができる。

プロモーショナル型のクチコミ・プラットフォームの典型は、あるブランドを製造・販売する企業が、既存顧客の経験を潜在顧客に伝えることを目的として開設した「お客様の声」や「レビュー」といったコーナーである。たとえば自動車メーカーが運営する、自社ブランドのクルマに乗る顧客のクチコミを集めたサイトや、語学スクールが運営する、自社スクールの生徒の感想を公開するためのページは、プロモーショナル型のクチコミ・プラットフォームといえ

る。これらのプラットフォームでは既存顧客ら（自らのブランドの購買者や利用者など）の投稿情報をプラットフォーム上に蓄積し，自分たちのブランドのプロモーションに利用しようとすることが一般的である。なおプロモーショナル型は「マーケター生成型」（marketer-generated）といわれることもある（e.g. Lee and Youn 2009）。

ソーシャル型のクチコミ・プラットフォームの典型は，いわゆるクチコミ・サイトである。たとえば価格.comのように，掲載されているブランドとは関連性の低い第三者によって運営されるサイトやページは，ソーシャル型のクチコミ・プラットフォームだといえる。これらの場合，その運営主体である企業はプラットフォーム上に蓄積された投稿情報自体を収益源として利用しようとすることが多い。ソーシャル型は「非マーケター生成型」（non-marketer-generated）といわれることもある（e.g. Lee and Youn 2009）。

プロモーショナル型とソーシャル型では，運営主体の違い（ブランドの当事者企業が関与しているか）によって，動機づけ（そのブランドのプロモーションに利用したいか）が異なると仮定できる。両者はプラットフォームの構造には相違がないが，運営主体が異なるため，運営意図が異なるわけである。プロモーショナル型では，運営主体に特定のブランドの優位性を高めたいという動機づけが強く，ソーシャル型では，こうしたブランド特定的な動機づけが弱いことになる。

プロモーショナル型のクチコミ・プラットフォームの場合，上に述べたような動機づけによって，自らのブランドに有利なかたちで情報伝達をしたいという思惑が運営主体に強まるが，これを実現可能とするのが「プラットフォームの中心性と行為者の分離性」ならびに「情報操作の容易性」という構造的問題である。機会主義的行動に対する動機づけは，それを可能とする環境とが組み合わさることで現実化される（Williamson 1975）。

こうした動機づけと環境を認識している消費者の中には「プロモーショナル型プラットフォームに掲載されたクチコミは，そこで言及されているブランドの当事者企業によって，操作されている可能性が高いのではないか」と考える者がでてくる。そしてこのように運営主体が機会主義的行動をとっている可能性が高いと推論する（あるいは推論ができる）消費者にとって，プロモーショナル型のクチコミ・プラットフォームの信憑性はより低いものとなる。

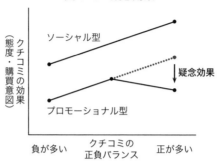

図1-5：疑念効果

1-5-3. 疑念効果

　第1の観点と第2の観点を組み合わせることで，興味深い現象の発生が想定される。それは「正のクチコミ比率が高いほどブランド評価が高まる」という効果が，「プロモーショナル型のプラットフォームでは抑制される」というものである。

　ソーシャル型プラットフォームと異なり，プロモーショナル型プラットフォームでは，企業に都合の良いかたちでクチコミに編集が加えられたり，否定的なクチコミが削除されたりしている可能性がある。受け手である消費者もこのことを認識しており，正の比率が高くなりすぎると，企業が意図的に否定的なクチコミを隠しているのではないかという疑念のために信用性が低下し，結果として正のクチコミの影響も弱まると考えられる。

　こうしたクチコミ（ないしはそのプラットフォーム）の信用性について消費者が疑問を持つことで，そのブランドに対する態度や購買意図の上昇が抑制される効果を，本書では「疑念効果」（doubt effect）という。企業の自社サイトのようなプロモーショナル型プラットフォームでは，正のクチコミの比率が高くなりすぎることで，その内容が疑われる「疑念効果」が生じるであろうというのが，本書の主要な仮説の1つである（図1-5）。

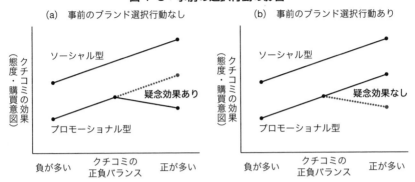

図1-6：事前の選択行動の影響

1-5-4. 消費者がクチコミを参照するタイミングの影響

　第3の観点は，消費者がクチコミを参照するタイミングが，ブランド態度や購買意図におよぼす影響である。今日の消費者は，購買意思決定プロセスの中のさまざまなタイミングでオンライン・クチコミを参照している。どのブランドが良いかを決める前にクチコミに触れることもあれば，このブランドが良さそうだと考えた後で，あらためてクチコミを確認することもある。しかし，ブランドについていまだほとんど情報収集を行っていない状態でクチコミを参照する場合と，すでにある程度の情報収集が行われ，対象の絞り込みが行われた段階で参照する場合とでは，クチコミの影響が異なる可能性がある。このことを前述したクチコミの正負バランスという観点と組み合わせることで，新たな考えが生まれる。

　図1-6（a）は，消費者がまだほとんど情報収集や評価等を行っていない段階，つまり事前にブランド選択を行っていない状態でクチコミを参照するケースである。この場合，第1および第2の観点で述べたプロモーショナル型プラットフォームにおける疑念効果が生じる余地がある。すなわち正のクチコミ比率が高くなりすぎると，ブランドに対する態度や購買意図の上昇が抑制されることが考えられる。

　これに対して，消費者がすでにある程度の情報収集や対象の絞り込みを行った段階，つまり事前にブランド選択を行った状態でクチコミを参照するケース

が図1-6（b）である。このような場合，正のクチコミ比率が高いほど，消費者にとって自己の事前の選択が正当化されることになる。したがって，プロモーショナル型プラットフォームであっても図1-6（a）に示すような疑念効果が生じないと考えられる。

1-5-5. 疑念効果の重要性

　以上が本書の主題となる疑念効果の概略である。序章で述べたように，疑念効果はきわめて自然な現象であり，直感的にも理解しやすいものである。それにもかかわらず，私たちの身近に見られるこの現象について，これまで明示的に検討されることはなかった。

　疑念効果について十分に理解することは，マーケティング主体である企業にとっても，消費者にとっても重要である。以下では，その理由を述べることにする。

　今日の消費者は，購買意思決定に際して先行する消費者のクチコミを日常的に参照するため，企業にとって，自社の既存顧客によって発信されるクチコミはますます重要なプロモーション手段となっている。こうした状況で，企業サイトはその内容やデザインを自由に操作できることから，自社の既存顧客のクチコミを掲載するのにきわめて魅力的な場だといえる。しかし運営主体の中立性の低さゆえ，消費者からその内容に疑いを抱かれやすくなるのも事実である。他方，第三者によって開設されたクチコミ・サイトの場合，信憑性は高くなるものの，企業にとって内容をコントロールできないもどかしさがある。

　こうしたコントロール可能性と疑わしさのジレンマに直面して，企業はクチコミがもたらす諸効果が，自社サイトと中立サイトとの間でどう異なるのかを知りたくなるであろう。また，いかにしたら自社サイトに掲載したクチコミの効果を高められるかについて理解したくなるであろう。疑念効果は，これらの疑問を解きほぐす鍵となる。

　疑念効果について理解することは，消費者にとっても利益がある。なぜならば，理性的な意思決定への手助けとなるためである。たとえば前項で述べた仮説が正しければ，事前にどのブランドが良さそうかを考えたうえでクチコミを見てしまうことで，もし肯定的なクチコミばかりが恣意的に提示されていたと

38

しても，それが世評であると信じやすくなる。こうした自らの意思決定のバイアスについて意識的になることは，ブランド評価のためにオンライン・クチコミを参照することが日常的になっている現代において重要である。

以上のように疑念効果についての検討は「企業は既存顧客のクチコミ（自社ブランドを購買したり使用した経験のある消費者のクチコミ）を，自社ブランドのプロモーション／コミュニケーションにどう活用できるか」という問題と，「消費者はいかなるときに，企業サイトに掲載されたクチコミを鵜呑みにしやすくなるのか」という問題の双方に関わるものであり，マーケティング主体である企業にとっても，消費者にとっても重要なものである。

第1章のまとめ

本書では「クチコミ・プラットフォームは，その運営主体が自らに有利なかたちで情報伝達をすることが可能である」という仮定のもとで，好ましいクチコミが増加しているにもかかわらず評価が高まらないという「疑念効果」を主張していくことになる。そこでまず本章では，なぜそのような仮定が可能かについて説明をした。そしてさらに本書の中心的主張となる疑念効果について概略的な説明を行った。

本章の流れは以下のようなものであった。まず現代の個人間コミュニケーションについて大まかに検討したうえで，ソーシャル・プラットフォームについて機能的な構造を中心に整理した。そしてこのプラットフォーム上で展開されている個人間コミュニケーションのスタイルについて，情報の関係性という点から検討を行った。こうして大多数のクチコミ・プラットフォームが，ハブ型で，タイプDの集合的プラットフォームであることを指摘したうえで，そこには「プラットフォームの中心性と行為者の分離性」「情報操作の容易性」「素性の不明確性」という3つの構造的問題が存在することを指摘した。そしてこれら一連の議論から，仮定の妥当性を確認した。

次に前述した仮定を土台としつつ，さらにいくつかの条件が重なったときに，疑念効果が発生することを論じた。より詳細に述べれば，プラットフォームの中心性と行為者の分離性，ならびに情報操作の容易性というクチコミ・プラットフォームの運営主体による機会主義的行動を可能とする構造的な問題を所与

としたうえで，クチコミ・プラットフォームの疑わしさが①複数のクチコミにおける正負バランスの影響，②オンライン・クチコミが提供されるプラットフォームの影響，③消費者がクチコミを参照するタイミングの影響，という3つの観点の組み合わせによって変動すると考えられることを主張した。

　本章において明らかにされたように，疑念効果とその抑制は，オンライン・クチコミの疑わしさがダイナミックに変化する様子を示す興味深い現象である。しかし序章でも述べたように，このきわめて自然で一般的な現象は，これまで明示的に検討されてこなかった。そこで次章では疑念効果について，既存研究を踏まえた学術的な議論を行うことにする。

第2章

良いクチコミは
良い効果をもたらすか
──先行研究のレビューと仮説の提示──

はじめに

　第1章では，個人間コミュニケーションをとらえるさまざまな枠組みを紹介するとともに，オンライン・クチコミについて多面的に検討することで，本書の仮定を明確にした。また本書の仮説についても触れたが，それは概略的な説明にとどまっていた。

　そこで本章では，クチコミについて従来どのような研究が行われてきたのかを振り返りながら，本書の中心となる仮説についてより詳しく論じていく。以下ではまず，コミュニケーション研究の古典であるラズウェルの枠組みを参考にしつつ，本書が着目する3つの要素（複数のクチコミの正負バランス，クチコミのプラットフォーム，事前のブランド選択行動）について検討する。次にこれら3要素について，先行研究のレビューを行いながら理解を深めつつ，議論を進める。こうして最終的に，本書の中心的主張を3つの仮説としてまとめていく。

2-1. 概念整理と議論の枠組み

2-1-1. ラズウェルの枠組みと本書の議論の要素

　ラズウェルは「人々がどのようにして相互に影響をおよぼし合うのか」とい

41

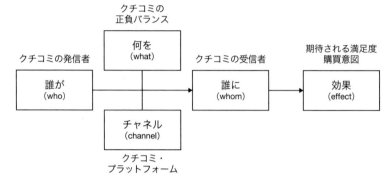

図2-1：ラズウェルの枠組みと本書の議論の要素

う問題を，政治とコミュニケーションという観点から研究した。彼はこの問題を「誰が何をどのようなチャネルを通して誰に話し，どのような効果をもたらすのか？」(Lasswell 1948, p. 37) という包括的な問いとして設定している。つまり人々の間のコミュニケーションに関わる5つの重要な要素として，誰が (who)，何を (what)，誰に (whom)，チャネル (channel)，効果 (effect) をあげたのである。1950年代以降，アメリカでは人々の間のコミュニケーションについて多様な研究が行われることになるが，それらの多くはこのラズウェルの枠組みを出発点にしていた。

本書もまた，ラズウェルの枠組みを議論の基盤としている (図2-1)。第1章で述べたように，本書で議論の対象とするクチコミは，クチコミ・サイトなどにまとめて掲載された複数のクチコミであり，そうしたクチコミが掲載される場所のことをプラットフォームと呼んでいる。したがって本書の議論では，「誰が」には「クチコミの発信者」が，「誰に」には「クチコミの受信者」が，「チャネル」には「クチコミ・プラットフォーム」が相当する。

また，「何を」には「クチコミの正負のバランス」があてはまる。第1章で述べたように，本書ではクチコミの受信者が複数のクチコミを一度に参照する場面を想定している。これらクチコミには，その対象について肯定的な内容を伝えるクチコミと，否定的な内容を伝えるクチコミとがある。本書は，複数のクチコミの中に肯定的および否定的なクチコミがどのような比率で含まれているのか，つまりクチコミの正負のバランスが，受信者におよぼす影響に関心を持っている。

「効果」には，クチコミの受信者がこうしたクチコミを見ながら心の中で想像する，購入後の満足度の予想（期待される満足度）や，購入したいと思う気持ち（購買意図）があてはまる。したがって，本書の議論で取り上げられる要素をラズウェルの枠組みに沿って整理すると，図2-1のようになる。次項では各要素の内容について，もう少し詳しく説明する。

2-1-2. 概 念 整 理

❖ 複数のクチコミの正負バランス

第1章でも述べたように，クチコミに特化したプラットフォームの多くは集合型プラットフォームであり，そこには集積性と混在性という特徴がある。集積性とは，さまざまな人のクチコミが1カ所に集まっていることである。集積性の高さによって，消費者は一度に複数のクチコミに接することが可能となる。また混在性とは，肯定的なクチコミと否定的なクチコミの双方が存在していることである。したがって集合型プラットフォームにおいてクチコミに接する場合，肯定・否定が混在した複数のクチコミに同時に接触することが一般的となる。たとえばAmazonで，「カスタマーレビュー」とよばれるクチコミ・コーナーを見ると，すでにその商品を購買した消費者によるクチコミがいくつも並んでいることが多いし（集積性），またそれらの中には肯定的な感想を述べたものも，否定的なものもある（混在性）。

本書では，対象に関して肯定的な内容のクチコミを「正のクチコミ」，否定的なクチコミを「負のクチコミ」，それらの比率を「正負バランス」とよぶ。複数クチコミの正負バランスがクチコミ受信者の心理にどのような影響をおよぼすかが，本書の議論の第1の着目点となる。

❖ クチコミのプラットフォーム

第1章で述べたように，本書ではオンラインでクチコミが公開される場のことをプラットフォームとよぶ。上で取り上げたAmazonもクチコミのプラットフォームの1つであるし，レストランについてのクチコミを集めた「食べログ」も，クチコミのプラットフォームである。

こうしたプラットフォームは，その設置・管理・運営などに，ブランドの当

事者企業（ブランドを所有する企業や提携関係にあるパートナー企業など）が関与しているか否かによってプロモーショナル型とソーシャル型に分けることができる。たとえば食べログのクチコミ・ページは，そこで紹介されるレストランによって運営されているものではないため，ソーシャル型のプラットフォームに該当する。これに対して，あるレストランが来店客の感想を自分のウェブ・サイトに掲載しているのであれば，プロモーショナル型のプラットフォームとなる。

　今日，企業が顧客の感想や体験を自社ウェブ・サイトに掲載している例は非常によく見られる。それらは，B to C 企業ならば「カスタマーボイス」「ユーザーボイス」「お客さまの声」「契約者様の声」「入居者事例」などと称され，B to B 企業ならば「導入事例」「活用事例」「成功事例」などと称されることが多いようである。

　もちろん企業が自ら運営するプラットフォームには，自分たちに不都合なクチコミが意図的に排除されている可能性がある。こうしたことはクチコミを参照する消費者も理解しており，企業に都合の良いようにクチコミ情報が取捨選択されたり，編集や改変されていると考える者も少なくない。このため同じ情報であっても，プロモーショナル型のプラットフォームに掲載されている場合と，ソーシャル型のプラットフォームに掲載されている場合では，消費者に異なる影響をおよぼす可能性がある。

　そこで本書では，プロモーショナル型のプラットフォームとソーシャル型のプラットフォームを対比することによって，受信者がプラットフォームの違いに対してどのように異なる反応を示すのかについて議論していく。これが本書の議論における第2の着目点である。

✥ 事前のブランド選択行動

　以上に加えて，本書の議論にはもう1つ着目点がある。それは，受信者がどのタイミングでクチコミを見るか，ということである。クチコミの参照タイミングはラズウェルの枠組みにはない要素であり，図2-1にも示されていない。本書ではこの参照タイミングについて，購買や利用したいブランドをまだ決めていない段階と，すでにある程度決めている段階とに分けて議論する。

　どのブランドを購買するかをまだ決めていないとき，消費者は肯定的なクチ

44

コミだけでなく，否定的なクチコミも参考にするだろう。しかし人は自分が行った選択を正当化したいという欲求を持っているため，いったんどのブランドを購入するかを決めると，そのブランドに関する肯定的なクチコミを見たいという気持ちが強くなり，否定的なクチコミを見たいという気持ちは弱くなると考えられる。これは後述する「確証バイアス」とよばれる現象である。

　こうした点を踏まえて，本書では「事前のブランド選択」を議論の着目点に加えることにする。事前のブランド選択とは，クチコミを見るよりも前に，購入するブランドをある程度決めているかどうかということである。本書では事前のブランド選択の有無が，クチコミの受信者の効果（期待される満足度や購買意図）に影響をおよぼすと考えている。

2-1-3. 本書の議論の枠組み

　以上を整理したものが図 2-2 である。ここまでの説明から明らかなように，本書における中核的な議論には「発信者」の違いという観点が含まれていない。このため図 2-2 では発信者が点線で示されている。

　従来のコミュニケーション研究では，発信者の特性（たとえばオピニオン・リーダーやインフルエンサーであるかなど）についてさまざまな議論が行われてきた。しかし本書が扱うのは，（ある1人が発信したクチコミの影響ではなく）さまざまな人から発信された複数のクチコミが，全体として受信者におよぼす影響である。そこで1つ1つのクチコミの発信者がどのような人であるかは，い

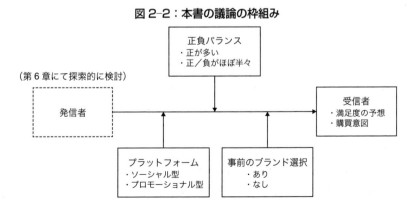

図 2-2：本書の議論の枠組み

ったん議論の焦点から外し，複数のクチコミが掲載されるプラットフォームが
ソーシャル型なのかプロモーショナル型なのか，またそれらのクチコミがどの
ような正負バランスなのかに着目していく。そしてこれらに加えて，クチコミ
を参照する受信者が，事前にブランドの選択を行っているかどうかについても
着目することにする。

　もちろん本書は，発信者の特性がクチコミの効果に影響をおよぼすことを否
定するものではない。本書は発信者の特性を中核的な議論には組み込んでいな
いが，第6章における補助的な議論においてこれを取り上げている。そこでは
発信者と受信者の類似性という点から探索的な検討が行われている。

　次節以降では，正負バランス，プラットフォーム，事前のブランド選択とい
う3つの変数が受信者にどのような効果をおよぼすと予想されるのかについて，
従来行われてきたさまざまな研究を検討しながら議論をしていく。

2-2. クチコミの正負バランスの影響

2-2-1. 肯定的・否定的なクチコミの影響

　消費者がクチコミからどのように情報収集を行うのかについて，これまでさ
まざまな研究が行われてきた。たとえば1969年のエンゲルらによる調査では，
自動車修理センターを選ぶ際に，60%の回答者が「もっとも影響を受けた情
報」としてクチコミをあげている（Engel, Blackwell, and Kegerreis 1969）。また
1965年に行われたフェルドマンとスペンサーによる調査では，新しく引っ越し
してきた住民が医者を選ぶ際に，3分の2がクチコミをもっとも信頼できる情
報として頼ったと回答している（Feldman and Spencer 1965）。

　このように利用するサービスや購入する製品を決めるためにクチコミを参照
するとき，それらのクチコミにおいてあるブランドが高く評価されているほど
（クチコミが肯定的であるほど），そのブランドに対する受信者の態度や購買意図
は高くなる。逆に，低く評価されていれば（クチコミが否定的であれば），その
ブランドに対する受信者の態度や購買意図も低下する。

　常識的に考えても，訪問しようと思ったレストランがクチコミ・サイトで高

く評価されていれば訪れたい気持ちが強まるだろうし，酷評されていたら訪問をやめようかと考えるだろう。実際，クチコミ研究者の一人であるアーントは，新しい食品について肯定的なクチコミを受け取った回答者の方が，否定的なクチコミを受け取った回答者よりも，その食品を購入する可能性が高かったことを報告している（Arndt 1967）。

2-2-2. シミュレーションとしてのクチコミ

　上述したように消費者がクチコミの肯定性・否定性から影響を受けるのは，消費者の購買意思決定過程において，クチコミが他の消費者による代理体験としての役割を担っているためであると考えられる。

　かつて対面のクチコミの特性について調査したバイザーとライト（Bither and Wright 1977）は，「消費者が求めているのは，モルモットのように代理経験をしてくれる人である。消費者は自分自身がコミットする前にシミュレーションを行い，それを観察したいのである。［中略］彼自身の複製によるシミュレーションが理想的である」（p. 40）と述べ，クチコミを参照する消費者が求めるのは，経験を代行してくれ，購入後のシミュレーションを提供してくれる，自己の複製としての他者であると述べた。

　クチコミが消費者の将来の購買経験に関するシミュレーションとしての役割を果たすとすれば，参照したクチコミにおいて特定のブランドが高く評価されている場合，そのブランドを購入した後の自己の経験も満足できるものとなると予測されるため，結果としてそのブランドに関する態度や購買意図も高まる。逆に参照したクチコミにおいて特定のブランドが低く評価されていれば，これを参照した消費者のブランド態度や購買意図は低下する。したがってクチコミの肯定性や否定性は，消費者のブランド態度や購買意図などに影響をおよぼすと考えられる。

2-2-3. オンラインにおけるクチコミの正負バランスの影響

　上述した議論は，あるクチコミの内容が肯定的か，否定的かという観点に立つものである。しかし，クチコミの肯否定性が消費者のブランド評価におよぼ

第 2 章　良いクチコミは良い効果をもたらすか　47

す影響が，将来の購買経験に関するシミュレーションとしての役割によるもの
だと仮定すれば，それは単一のクチコミの正負状態にとどまらず，複数のクチ
コミの正負バランスにもあてはまるだろう。既述のようにオンラインでは一度
に複数のクチコミに接することが多いが，このとき多くのクチコミが否定的な
感想を述べている場合よりも，多くのクチコミが肯定的な感想を述べている場
合の方が，受信者はそのブランドから満足を得られる可能性が高いという考え
である。つまりオンラインにおける複数クチコミ接触では，正のクチコミの比
率が高いほど受信者の態度や購買意図は高まり，負のクチコミの比率が高いほ
ど受信者の態度や購買意図は低下することになる。

2-2-4. 既 存 研 究

このような複数のクチコミの正負バランスが受信者におよぼす影響について
検討した研究は，実はまだあまり多くない。その大きな理由は，インターネッ
ト普及以前に行われた従来のクチコミ研究の多くが，フェイス・トゥ・フェイ
スのクチコミを対象としたものだったためである。こうした対面的コミュニケ
ーションの場面では，受信者は発信者によって口頭で伝えられる単一のクチコ
ミに接することが通常であった。また，その後現れたオンライン・クチコミの
研究でも，SNSやブログにおいて受信者が単一のクチコミに接する場面を想
定したものが多かった。以下では正負バランスが受信者にどのような影響をお
よぼすかについて検討している，数少ない先行研究について見ていく。

✧ ガウリらの研究

ガウリらは価格比較サイト「BizRate.com」の利用者および一般のネット通
販の利用者に対するサーベイを実施し，同サイトで扱う14のネットショップ
において，利用者の再購買意図にどのような要因が影響をおよぼしているかを
測定した (Gauri, Bhatnagar, and Rao 2008)。その結果，表2-1に示したように，
好意的なクチコミの比率（正のクチコミの比率）が，来店客の再購買意図にも
っとも強い影響をおよぼしていたことがわかった。

表2-1：ガウリらの調査結果
（顧客の再購買意図に影響した要因）

要　因	書籍・雑誌	DVD・映画	花・食品
相対価格	0.02	0.04	0.04
検索しやすさ	0.05	0.06	0.06
品揃え	0.09	0.09	0.09
わかりやすさ	0.13	0.07	0.07
店舗デザイン	0.07	0.01	0.01
配送料	0.01	0.06	0.06
配送サービスの種類	0.04	0.06	0.02
利用明細	0.02	0.03	0.03
クチコミの数	0.01	0.01	0.00
開設されてからの年数	0.01	0.00	0.01
期待どおりだったか	0.13	0.15	0.16
製品の入手容易性	0.12	0.13	0.17
注文履歴	0.13	0.13	0.15
届くまでの日数	0.19	0.16	0.17
好意的なクチコミの比率	0.25	0.24	0.22

（出所）　Gauri, Bhatnagar, and Rao 2008, p. 90 の表を一部修正。

✦ リーらの研究

　リーらは，オンラインの複数のクチコミにおいて，負のクチコミの比率が高まるほど，ブランドに対する受信者の態度が低下するという仮説を検証した（Lee, Park, and Han 2008）。実際には負のクチコミの比率以外に「受信者の関心の高さ」と「クチコミの質」という2つの要素を加えて，「質の高い負のクチコミ」または「質の低い負のクチコミ」が，「関心が高い受信者」または「関心が低い受信者」におよぼす影響を実験によって調べた。

　実験には248人の韓国人の大学生が参加した。これらの実験参加者には，「デジタル・マルチメディア放送受信機能付きの新型MP3プレーヤ」を提示したうえで，この製品に関する8つのクチコミを閲覧させた。その際，負のクチコミの比率が高い条件とは，8つのクチコミのうち正が4つで負が4つであり，負のクチコミの比率が低い条件とは，正が6つで負が2つであった。また質の高いクチコミとは，製品との関連性や信憑性が高く，理解しやすく，さらに十分な根拠にもとづくクチコミであり，逆に質の低いクチコミとは，これらすべてが低いものであった。

　実験の結果は図2-3に示したとおりである。全体として，負のクチコミの比

第2章　良いクチコミは良い効果をもたらすか　49

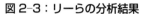

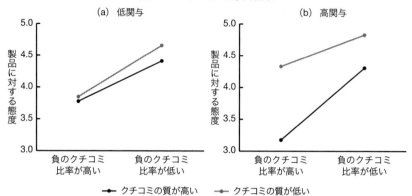

（出所）　Lee, Park, and Han 2008, Fig 2 および Fig 3, p. 348 を訳出。

率が高くなると受信者の製品態度は低下した。また，実験参加者を関心が低いグループ（低関与グループ：図 2-3（a））と関心が高いグループ（高関与グループ：図 2-3（b））とに分けると，低関与グループでは，クチコミの質の高低による影響力の差は見られなかった（(a) のグラフ）。これに対して高関与グループでは，質が高い負のクチコミの方が質の低い負のクチコミより強い影響をおよぼした。このことは (b) のグラフにおいて，質が高いクチコミの傾きの方が，質の低いクチコミの傾きよりも急であることに示されている。

　リーらの研究は，一般的に負のクチコミの比率が低くなると受信者の評価が向上することを示している。負のクチコミの反対は正のクチコミなので，負のクチコミ比率が低くなることを正のクチコミ比率が高くなることと置き換えると，彼らの研究は，正のクチコミの比率が高くなるほど受信者の評価は向上すると解釈できるであろう。

◆ トとファンの研究

　トとファンは，架空のクチコミ・サイトにデジタルカメラおよび映画に関する 10 個のクチコミが一度に提示されるという実験を行った。彼らは，これら 10 個のクチコミの正負バランスを 10:0, 9:1, 8:2, 7:3, 6:4 に調整した。そして正負バランスの違いが受信者の製品態度や購買意図，クチコミ・サイトへの態度，およびクチコミに対する信頼にどのように影響をおよぼすかを調べた（Doh

図 2-4：トとファンの実験結果

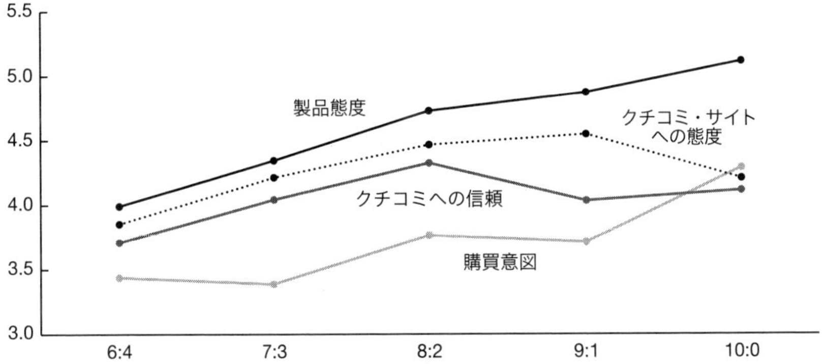

（出所）　Doh and Hwang 2009, Table 1, p. 195 より作成。

and Hwang 2009）。

　実験の結果，全体として正のクチコミの比率が高くなるほど，受信者の「製品態度」や「購買意図」も高まる傾向が確認された（図2-4）。この結果は，先に見たガウリやリーらによる研究結果と一致している。ただしグラフからもわかるように，クチコミの正負の比率が6:4から7:3に変化しても，あるいは8:2から9:1に変化しても，購買意図は変化しなかった。このことから，複数のクチコミにおいて正のクチコミの比率が高くなっても，受信者の態度に影響が見られない場合もあることがわかる。

　さらにクチコミ・サイトへの態度や，クチコミへの信頼には，複数のクチコミにおける正の比率が高くなるにしたがって，逆に低下するという結果が見られた。デジタルカメラや映画について，良いクチコミばかりが並びすぎると，これを見る受信者はそれらのクチコミを掲載しているサイト（すなわちプラットフォーム）に対する態度や，そこに並んでいるクチコミへの信頼を低下させことがあるわけである。この結果は，正のクチコミの比率が高くなっても，常に受信者の態度が高まるわけではなく，場合によっては負のクチコミがある程度混在した方が，受信者から高い評価を得られることもあると解釈できる。

✥ 澁谷の研究

　本書の筆者の一人である澁谷は，架空の温泉に関するクチコミが受信者の態度におよぼす影響を実験によって調べた（澁谷 2012）。この実験では，架空の

第 2 章　良いクチコミは良い効果をもたらすか　51

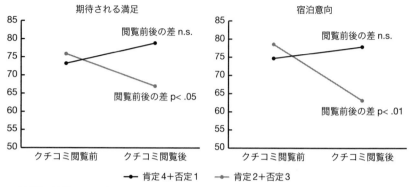

(出所) 澁谷 2012 より。

　温泉に関する情報とクチコミを実験参加者に提示し、クチコミを見る前後で温泉に関する実験参加者の態度（個々の実験参加者がその温泉に期待する満足度や宿泊意向）がどのように変化するかを測定している。実験参加者に提示されたクチコミには、正のクチコミの比率が高い条件（肯定4と否定1）と、負のクチコミの比率が高い条件（肯定2と否定3）があった。

　実験の結果は図2-5に示したとおりである。正のクチコミ比率が高い場合には、クチコミを見る前後で受信者の態度に変化がなかった。しかし負のクチコミ比率が高い場合には、クチコミを見た後で受信者の態度が低下した。この結果は、クチコミの受信者の態度に対してクチコミの正負バランスがおよぼす影響が非対称的であることを示している。すなわち、正のクチコミの比率が高くても受信者の態度には影響しなかった一方で、負のクチコミの比率が高くなると受信者の態度には負の影響があった。

　澁谷による研究の結果は、1つ前に見たトとファンによる研究と同様に、正のクチコミの比率が高いと受信者の態度も高まるという関係が、つねに生じるわけではないことを示している。

2-2-5. 仮説1：正負バランス効果

　ここまでの議論を整理する。まず、クチコミが将来の購買経験に関するシミュレーションとしての役割を果たしていると考えると、正のクチコミ比率が高

まるほど，ブランド評価も高まると考えられる。このことは，いくつかの実証研究においても確認されている（e.g. Gauri, Bhatnagar, and Rao 2008; Lee, Park, and Han 2008）。他方，既存研究の中にはこれと異なる結果を示したものも存在する（e.g. Doh and Hwang 2009; 澁谷 2012）。したがって先行研究からは，全体的な傾向としては正のクチコミ比率が高まるほど受信者のブランド態度は高まるものの，何らかの条件下ではこの傾向が成立しない場合がある，という解釈が導ける。言い換えれば，こうした「何らかの条件」を考慮しなければ，全体的な傾向として正のクチコミ比率が高いほど受信者のブランドに関する評価は高くなるといえる。そこで本書では，クチコミの正負バランスの影響に関するもっとも基本的な仮説として，以下を設定する。

　仮説1：他の条件が一定であれば，正のクチコミ比率が高いほど，受信者の　　　　　ブランドに関する評価は高まる。

　仮説1につづき，消費者のブランド評価に対するクチコミの影響について，さらに検討していく。仮説1では，何らかの条件下では，正のクチコミ比率と受信者のブランド態度の関係が成立しなくなると述べた。本書はこの条件を，既述のように，プラットフォーム条件と事前のブランド選択条件だと考えている（図2-2参照）。プラットフォーム条件とは，クチコミが掲載されるプラットフォームが「ソーシャル型」か「プロモーショナル型」かであり，事前のブランド選択条件とは，事前のブランド選択行動が「あり」か「なし」かである。本書は，これらの2つの条件の影響によって，正のクチコミの比率が高くても受信者の態度が高まるという関係が成立しなくなると考えているわけである。次節以降では，これら2つの要素について検討していく。

2-3. クチコミ・プラットフォームの影響

　本節ではクチコミ・プラットフォームがソーシャル型であるかプロモーショナル型であるかが受信者におよぼす影響について検討する。以下では，まず印象形成に関する先行研究について検討し，つづいて帰属といわれる現象に関す

第2章　良いクチコミは良い効果をもたらすか　53

る先行研究について検討する。そしてこれらにもとづき、クチコミ・プラット
フォームが受信者のブランド評価にどのような影響をおよぼすのかについて議
論を進めていく。

2-3-1. 他者に対する印象形成の研究

　消費者は人や物をどのように知覚し印象を形成するのだろうか。これまでの
研究でわかっていることは、消費者は視覚、聴覚、嗅覚などから得た情報と、
これらに関して記憶に貯蔵していた情報（すなわち知識）を組み合わせて印象
を形成するということである。人は外部から与えられた情報を、事前に記憶に
貯蔵していた知識に照らすことで、人物や対象についての知覚や印象を形成す
るわけである。

　対人知覚やコミュニケーションに関する研究分野では、このように外部から
与えられた情報と事前に記憶に貯蔵していた知識とが、人物や対象に関する印
象形成にどのような影響をおよぼすのかという点について、さまざまな角度か
ら研究が行われてきた。

　印象形成に関する最初期の研究の1つとされるアッシュ（Asch 1946）の研
究では、ある人物の性格特性に関する形容詞（知的な、決断力のある、温かい、
勤勉な、など）を列挙したメモを事前に実験参加者に読み聞かせたうえで、そ
の人物の性格を判断してもらっている。この結果、能力に関する形容詞よりも、
温かさや冷たさに関する形容詞の方が、人の印象におよぼす影響が大きかった。
またケリー（Kelley 1950）の実験では、生徒たちに初めて会う教師について事
前に説明を行った。その際に「温かい人だ」と説明された教師は、話した内容
は同じでも「冷たい人だ」と説明された教師よりも、生徒から好意的に受け入
れられた。

2-3-2. コミュニケーションにおける情報源効果

　アッシュやケリーによって行われた印象形成に関する研究では、ある人物に
対する印象が、事前に与えられた情報によって大きく変化することが明らかに
された。またとくにケリーの研究では、発信者（教師）が行うコミュニケーシ

54

ョンの受け手におよぼす影響について，事前に形成された発信者の印象によっ
て，異なるものとなることが示唆されていた。

　これらを受けて1950年前後から，受信者の態度変容について，より注意深
く統制した実験が行われるようになった。その発端となったのが，ホヴランド
らによって行われた一連の実験である（e.g. Hovland, Lumsdaine, and Sheffield
1949; Hovland and Weiss 1951; Hovland, Janis, and Kelley 1953）。彼らの実験では，
実験参加者に対して「メッセージ」（特定の意見を述べている文書）だけでなく，
「発信者」に関する情報（その意見を述べているのが誰なのかという情報）が提示
された。発信者には，受信者である実験参加者が明確な態度を持っていること
を期待できる著名人（たとえば有名なジャーナリストでニュース番組のアンカーマ
ンでもあったウォルター・クロンカイト，第3代アメリカ大統領であり建国の父と
して尊敬されるトマス・ジェファーソン），特定のグループ（たとえばアメリカ医
師会やアメリカ国民から無作為に抽出されたとされるグループ），特定の立場に偏
った見解を主張するような動機を持っているのではないかという疑念を起こさ
せるような発信者（たとえば右翼系新聞の記者），信頼できそうな発信者（たと
えば雑誌『フォーチュン』の記者），あるいはあまり信頼できなさそうな発信者
（たとえばゴシップ雑誌の記者）などが選ばれた。こうして，実験参加者が発信
者に対して知覚する専門性や信用性が操作された。

　ホヴランドらは，メッセージと発信者をさまざまに組み合わせて実験を行っ
た。そして同じメッセージにもかかわらず，発信者が異なった場合に，受信者
への影響がどのように変化するかを測定した。実験の結果，メッセージの内容
は同じであっても，受信者にとって専門性や信用性が高い発信者によって発信
された場合の方が，専門性や信用性の低い発信者によって発信された場合より
も，受信者の意見をより大きく変化させた。メッセージが受信者におよぼす説
得効果はメッセージの発信者，つまり情報源によって異なることがわかったの
である。

　ホヴランドらの実験以降，上述した信頼性に加えて，魅力やパワー（Kel-
man 1961），類似性（McGuire 1969）なども，メッセージの説得効果に影響をお
よぼす発信者特性として重要であることが明らかになった。またこれら諸特性
は，それぞれ異なる心理的プロセスを経て受信者の説得に結びつくことも明ら
かにされていった。

第2章　良いクチコミは良い効果をもたらすか　　55

2-3-3. カテゴリー概念にもとづく印象形成

もう1つ，本書の問題意識に深い関わりを持つと考えられる研究分野がある。それは，カテゴリー概念にもとづく印象形成という研究である。

前々項（2-3-1）において，消費者は外部から与えられた情報と，事前に記憶に貯蔵していた情報とを組み合わせて人物や対象に関する印象を形成すると述べた。ブルーナー（Bruner 1957, 1958）は，このように外部からの情報と組み合わせられる記憶内の知識は，人物や対象に関するカテゴリー情報であると考えた。そしてあるカテゴリー情報を用いて受信者が外部から入力された情報を分類する傾向は，そのカテゴリー情報へのアクセスのしやすさ（アクセシビリティ）によって異なると主張した。

ブルーナーによれば，人は他者の資質を判断するためのカテゴリー情報（特定の行動，外見，意思などから構成される，性格特性に関する概念的情報）を持っている。たとえば先に見た「温かい人」「冷たい人」なども1つのカテゴリー情報である。そしてこのカテゴリー情報は，事前に活性化されることでアクセシビリティが高まり，他者をカテゴライズするために用いられやすくなる。すなわち活性化された概念的情報によって，接した人物がカテゴライズされる可能性が高くなる。たとえば，たまたま何らかの事情で「温かい人」カテゴリーが活性化された状態で誰かに初めて会うと，その人は「温かい人」カテゴリーに分類されやすくなる。

ヒギンズら（Higgins, Rholes, and Jones 1977）も，ほぼ同様の観点から研究を行っている。彼らはカテゴリー概念へのアクセシビリティが，人物に関する印象形成におよぼす影響について一連の実験を行った。実験の結果，参加者は事前に意図的に活性化させられたカテゴリー概念を利用して他者をカテゴライズする傾向があったことがわかった。

ブルーナーやヒギンズらの研究からは，印象形成という心的作業が，カテゴライゼーション活動であることがわかる。ブルーナーは，こうしたカテゴライゼーション活動が，外部情報がその後どのように情報処理されるかに対して影響をおよぼすと主張している。

これらのカテゴリー概念に関する先行研究を踏まえると，前項（2-3-2）で

説明したホヴランドらによるメッセージの情報源の効果に関する実験結果も，カテゴリー概念にもとづく印象形成という観点から解釈することができる。すなわちホヴランドらの実験において，参加者は，まず発信者をカテゴライズしたうえで，そのカテゴリーに関して持っている事前知識をメッセージの評価に利用したという解釈である。たとえば発信者がニュース番組の著名なアンカーマンであると告げられた参加者は，この発信者を「知識人」としてカテゴライズしたうえで，「知識人」というカテゴリーについて持っている知識や記憶を「メッセージ」の評価に利用したというわけである。

2-3-4. プラットフォーム情報を用いたクチコミの情報処理

以上のように情報源の効果に関する研究と，カテゴリー概念にもとづく印象形成に関する研究を組み合わせると，「クチコミの受信者は情報源を何らかのカテゴリーに分類し，そのカテゴリーに関して事前に記憶内に貯蔵している知識や印象をクチコミの内容と結びつけながら，情報処理を行う」ということになる。なお，ここでの情報処理とは，そのクチコミの内容を信頼するかしないかを判断したり，クチコミに述べられている内容を自らの何らかの意思決定に取り入れるかどうか，などを決めたりすることである。

上述した既存研究の知見を，本書の内容にあてはめてみることにする。まず本書で議論の対象となるのは，フェイス・トゥ・フェイスのクチコミではなく，オンライン・クチコミであり，これらの大半は，前章で述べたようにプラットフォームを介して伝達されている。すると本書の議論では情報源に相当するものとして，クチコミの発信者とクチコミのプラットフォームの双方が考えられることになるが，本書はクチコミの発信者がどのような人であるかではなく，複数のクチコミが掲載されるプラットフォームの違いに着目していくものであった（本章第1節（2-1-3）および図2-1）。したがって上述した知見は「オンライン・クチコミの受信者は，プラットフォームを何らかのカテゴリーに分類し，そのカテゴリーに関して事前に記憶内に貯蔵している知識や印象をクチコミの内容と結びつけながら，クチコミについての情報処理を行う」として本書に適用することが可能になる。

こうした事柄を本書の内容に即してさらに具体的に述べれば，以下のように

第2章　良いクチコミは良い効果をもたらすか　57

なる。今日の消費者は，クチコミの発信者に関するカテゴリー情報の一種として，プラットフォームについての知識を持っている。その中にはプロモーショナルなプラットフォームについての知識もあれば，ソーシャルなプラットフォームについての知識もある。そして消費者は，オンラインでクチコミに接すると，そのプラットフォームがプロモーショナル型なのかソーシャル型なのかを認知し，該当するプラットフォームの事前知識（カテゴリー知識）と組み合わせたうえで，クチコミについての情報処理を行う。たとえば企業が運営するプロモーショナル型プラットフォームというカテゴリーに対して，「企業にとって都合が良いクチコミばかりが掲載されている」という知識を持っている消費者は，このような知識を用いながら，そこに掲載されているクチコミを読み，自らの意思決定に利用することになる。

　実はこうした情報処理は，帰属過程理論という研究分野において「簡易な帰属過程」とよばれる概念を用いることで，よりわかりやすく説明することができる。以下では，この分野の先行研究について検討を続けることにする。

❖ 簡易な帰属処理

　帰属過程とは因果関係について推論することであり，またそれによって他人や自分を含む環境内の対象の固有の属性や傾向性を認知することである（外山 1989）。たとえばある人がとった行動や発言などから，なぜそのような行動や発言が行われたかを推論し，さらにはその人の性格特性などを推測することは帰属過程といえる。なおこのように属性や傾向性を推測する対象は，人間だけでなく物でもよい。

　帰属過程についての理論はケリー（Kelley 1972）によって確立された。彼は，私たちの日常生活では（厳密で正確な帰属ではなく）簡易な帰属が行われることが多いこと，そしてそこでは「割引原理」および「割増原理」という方策が用いられることを指摘した。割引原理とは「ある結果を生じることに関する特定の原因の役割は，他にも原因と考えられるものが存在する場合には割り引かれる」（Kelley 1972, p. 8）というものである。たとえばある人物Aが何かの罪を犯したケースを考えてみる。割引原理によれば，Aを取り巻く環境にAに罪を犯すことを促すような状況（仲間から強要されたなど）があった場合，Aの罪を犯そうとする動機は割り引いて判断される。一方，Aの周囲にそのよう

な状況がとくになかった場合は，罪を犯そうとする A の動機は割り引いて判断されず，より強かったと判断される。

こうした割引原理を，自分が買ったことのないブランドに関するクチコミを読んでいる状況にあてはめてみる。あるクチコミで特定のブランドが高く評価されている場合，このクチコミの受信者は，そのような評価の高さをブランド自体の属性（すなわちそのブランドの性能や品質など）に帰属することもできるし，他の原因に帰属することもできる。このとき，評価の高さをブランド自体に帰属すれば，そのブランドが優れた性能や品質を実際に持っているだろうという確信が強まり，結果としてブランドに対する好意的な態度が形成される。逆に，クチコミの発信者がそのブランドを売ろうとして実際以上に良く述べているのではないかと考えたならば，つまり評価の高さをクチコミの発信者の商業的意図に帰属したならば，そのブランドの性能や品質の高さは割り引いて推論される。このような場合，そのブランドに関する受信者の態度は高まらず，肯定的なクチコミによっても説得されにくくなる（Lee and Youn 2009; Sen and Lerman 2007）。

❖ オンライン・クチコミにおける簡易な帰属過程

消費者の多くは，オンライン・クチコミの内容をすべて鵜呑みにするわけでない。彼らの多くはクチコミの対象となっているブランドが，本当にそこで述べられているほどに良いのか（あるいは悪いのか）を推論する。ただし今日の消費者は日常的に多くのオンライン・クチコミに接しているため，通常は1つ1つのクチコミについて厳密に内容を検討するのでなく，上述した簡易な帰属を用いて推論を行っている可能性が高い。本書では，オンライン・クチコミについての推論において用いられる，こうした簡易な帰属過程について，3つの仮定をおいている。

第1の仮定は「消費者は特定のブランドを高く（あるいは低く）評価したクチコミに接触したとき，その評価について推論を行う」というものである。たとえば，あるレストランがクチコミで非常に高く評価されているとき，消費者は「そのレストランは，本当にそんなにすばらしいのだろうか」であるとか，「そのレストランは，なぜそんなに高評価なのだろうか」と推論するという仮定である。上述したように，今日の消費者はオンライン・クチコミの評価をす

べてそのまま受け入れるのでなく，日常的にこのような推論を行っていると考えられる。

　第2の仮定は2つの下位仮定の組み合わせから成る。1つは「消費者はプロモーショナル型のプラットフォームについて『できるだけ多くの利益を獲得するために，製品についてより多くの肯定的情報を提供する方向に動機づけられている人たちによって運営されている』というイメージを持っている」という仮定である。もう1つは「消費者はソーシャル型のプラットフォームについて『製品と利害関係がなく，クチコミの読み手を操作しようとする意図を有していない』（Bickart and Schindler 2001, p. 32）というイメージを持っている」という仮定である。これらはいずれも，消費者がクチコミ・プラットフォームについて形成しているカテゴリー知識についての仮定である。

　第3の仮定は「消費者はインターネット上のクチコミ情報を処理するときに，このようなプラットフォームに関する単純化されたカテゴリー知識を用いる」というものである。たとえば，あるレストランのクチコミ評価が高い場合，それがプロモーショナル型のプラットフォームに掲載されているならば，プロモーショナル型プラットフォームについての印象（つまりカテゴリー知識）を用いて高評価の理由を考える。

　これら3つの仮定は，いずれも今日の消費者に関する仮定として無理のないものであると考えられる。3つの仮定に前述した割引原理を組み合わせることで，消費者がオンライン・クチコミに接したときの推論に関して次のような仮説を導くことができる。まず，あるブランドが数多くのクチコミにおいて高く評価されており，なおかつそれらのクチコミがこのブランドを製造・販売する企業のサイト（つまりプロモーショナル型プラットフォーム）に掲載されているとする。このとき消費者はクチコミを掲載している企業について，そのブランドに関してより多くの肯定的情報を提供する動因を持っていると考えている。そして，「クチコミ・プラットフォームはその運営主体が自らに有利なかたちで情報伝達をすることが可能である」という認識にもとづき，掲載企業は機会主義的行動をとっているのではないかと疑うことになる。この結果，消費者は，高いクチコミ評価をもたらすために，そのブランド自体の性能や品質の高さが果たした役割を，割り引いて推論することになる。つまり「クチコミで語られているほど，実際の品質は高くないのではないか」という推論をする。

他方，クチコミのプラットフォームがソーシャル型である場合，消費者は，プラットフォームに肯定的情報を提供する動因があるとは考えない。このため上述した割引原理が介入せず，「そのブランドの品質はクチコミどおりに高いだろう」という推論がなされる。

✣ プラットフォームの影響に関する先行研究

　消費者がクチコミを用いて行う推論に対して，プラットフォームがどのような影響をおよぼすかに関しては，これまでにもいくつかの研究が行われており，上で述べた考えと整合する結果が得られている。

　たとえばビッカートとシンドラー（Bickart and Schindler 2001）の研究では，実験参加者がインターネット上のフォーラムや掲示板（つまりソーシャル型のプラットフォーム）から収集した情報と，企業のウェブ・サイト（つまりプロモーショナル型のプラットフォーム）から収集した情報のどちらに興味を抱くかについて実験が行われている。自転車，スポーツ用具，栄養補助食品，写真，オーディオ機器についての情報を提示したところ，実験参加者は企業のウェブ・サイトから収集した情報よりも，インターネット上のフォーラムや掲示板から収集した情報に対して，より高い関心を抱いた。

　この実験結果は次のように解釈できる。プロモーショナル型条件（情報が企業のウェブ・サイトから収集したものであると説明された条件）に割り当てられた参加者は，そこに提示された情報に対して割引原理を用いた帰属を行った。つまり掲載ブランドの評価を低く見積もり，「どうせ大したものではないだろう」と推論した。他方，ソーシャル型条件に割り当てられた参加者は，このような割引を行わなかった。この結果，2つのグループ間で情報に対する興味に差が生じ，プロモーショナル型条件の参加者の関心度は相対的に低くなったという解釈である。

　なおこの実験では，クチコミ受信者がクチコミ内容に対して行う，信用性の判断についても検討している。それによると実験参加者らがオンライン・クチコミの信用性を評価するために用いた第1の要素は，そのクチコミが掲載されたウェブ・サイトの開設者が誰かという点であった。シンドラーらはこの実験結果に関連して，「たとえば企業のウェブ・サイトに使用者による推奨が掲載されていても，それは単なる企業の宣伝だと思う」（Schindler and Bickart 2005,

p. 47) という消費者の言葉を紹介しながら，プロモーショナル型のプラットフォームに掲載されたクチコミの信用性は一般的に低いという見解を示している。

2-3-5. 仮説2：プラットフォーム効果

　以上の議論より，本書ではプラットフォーム効果として次の仮説2を提示する。

　仮説2：ソーシャル型プラットフォームに掲載されたクチコミの方が，プロ
　　　　　モーショナル型プラットフォームに掲載されたクチコミよりも，ブ
　　　　　ランドに関する受信者の評価を高めやすい。

2-4. 疑念効果

　仮説1として，複数のクチコミにおいて正のクチコミの比率が高まるほど，受信者の態度へおよぼす正の影響が強まるという考えを示した。しかしトとファンや，澁谷の研究に見られるように，このような関係が成立しないこともある。彼らの研究では，正のクチコミの比率が高まっても，消費者からより高い評価を得られるとは限らない可能性が示唆されていた。本節では，こうした現象が生じる背景について検討する。

2-4-1. 複数クチコミにおける片面提示と両面提示

　私たちは相手を説得するとき，良い情報だけを伝え，悪い情報は伏せておくことがある。また，良い情報と悪い情報の両方を，あわせて伝えることもある。説得的コミュニケーションの研究では，良い情報（あるいは悪い情報）だけを提示することを片面提示といい，肯定的な情報と否定的な情報をともに提示することを両面提示という。

　説得的コミュニケーション研究では両面提示の説得効果に関心が持たれ，どのような場合に片面提示よりも説得効果が増すかが探究されてきた。そして良

い情報ばかり伝える片面提示よりも，否定的な情報も含めて伝える両面提示の方が，内容が公正であるという印象を与えやすいことが指摘されてきた。さらに，①説得的コミュニケーションの受信者が説得方向とは反対の立場であるとき，②受信者の教育程度や知的水準が高いとき，③受信者が説得話題に関する知識をたくさん持っているときなどは，片面提示よりも両面提示の方が，説得効果が高いことも示されてきた（深田 1999／Bishop, Oldendick, and Tuchfarber 1982; DeRosa 2006; Hovland, Lumsdaine, and Sheffield 1949 も参照）。

これら片面提示と両面提示の研究結果を，本書の問題意識にあてはめてみる。まず複数のクチコミの中に特定のブランドに関する肯定的なクチコミばかりが含まれている場合，そのクチコミ集合は受信者から見て片面提示であると考えられる。これとは対照的に，複数のクチコミの中に肯定的なクチコミと否定的クチコミの両方が含まれている場合，そのクチコミは両面提示であると考えられる。こうした視点を，片面提示よりも両面提示の方が説得効果の高い場合があるという研究結果と組み合わせると，「正のクチコミの比率が高まっても，消費者からより高い評価を得られるとは限らない」というトとファンや澁谷の研究で示唆された現象は，一定の条件下において十分に生じるものだと考えられる。

2-4-2. 疑念効果の発生

それでは，すべてが正のクチコミによって構成されていても，消費者からより高い評価を得られないという現象は，どのような条件下で生じるのであろうか。この点に関して本書は，メッセージの受け手である消費者が，そのクチコミが説得的意図を持って公開されていると感じる場合，つまりプロモーショナル型のプラットフォームに掲載されている場合だと考えている。

まず既存研究において，両面提示の方が片面提示より効果があるとされてきたのは，それが「説得的メッセージ」の場合である。そして消費者がクチコミに接触する場面で，メッセージに説得的意図を感じる典型的な状況は，企業が自らのブランドについてのクチコミを自社サイトに掲載している場合である。なぜならこうした場合，消費者は企業からのメッセージを，自社ブランドをより高く評価してもらいたいという商業的意図にもとづくものと考えやすいため

第 2 章　良いクチコミは良い効果をもたらすか　63

である。

　つまりプロモーショナル型のプラットフォームに掲載された複数のクチコミにおいて正のクチコミの比率が高くなりすぎると，受信者はそこに企業の商業的意図を読み取り，自らに都合の良い編集が行われている可能性を察知する。この結果，そのプラットフォームに対する信頼が低下し，ブランドに対する評価も低下する。本書ではこのような効果を，第1章の図1-6で示したように「疑念効果」とよぶことにする。なおソーシャル型のプラットフォームは，その設置者が中立性の高い第三者であることから，このような疑念効果は発生しないと考えられる。

2–5.　事前のブランド選択行動の影響

　疑念効果の発生条件について，さらに検討を続ける。本章第1節でも述べたように，本書では消費者がクチコミから受ける影響が，それらを参照するタイミングによって異なってくると考えている。具体的には，ブランドに関する情報探索がまだそれほど行われていない段階，すなわち顧客経験のかなり初期の段階においてオンラインのクチコミを参照する場合と，検討対象のブランドについて候補がしぼり込まれた状況（つまり予備的な選択が行われた状況）で参照する場合とでは，情報処理の仕方や，そこから受ける影響などが異なると考えている。本節ではこの点について，いくつかの先行研究を検討したうえで，第3の仮説を提示する。

2-5-1.　確証バイアス

　人が新しい情報を求めるとき，その人が事前に保持していた信念や期待，あるいは待ち望んでいる結果などによって情報探索プロセスにバイアスがかかる。このことは古くから知られており，これまでの研究で，人は自己の社会的ステレオタイプ（Johnston 1996），態度（Lundgren and Prislin 1998），交渉における期待（Pinkley, Griffith, and Northcraft 1995）などに合致する情報を好むことが明らかにされてきた。またこうしたバイアスは，とくに何らかの非日常的な意

思決定を行う場面で生じやすいことが指摘されてきた（Nemeth and Rogers 1996）

なかでも，人が意思決定をするときに見られるバイアスは認知的不協和理論（cognitive dissonance: Festinger 1957）の枠組みを用いて説明されてきた。認知的不協和理論によれば，人は何らかの選択を行うと，その後の情報接触において，すでに行った選択とのコンフリクト（認知的不協和）を避けようとする傾向がある。つまりその選択を支持する情報を好み，逆にこれを支持しない情報を回避しようとする。

情報に対する人々のこのような傾向は，当初「情報に対する選択的接触」（selective exposure to information）とよばれていた。（Frey 1986）。しかし近年では「確証バイアス」（confirmation bias）とよばれるようになっている（Jonas, Schulz-Hardt, Frey, and Thelen 2001）。こうしたバイアスについてこれまで多くの検証が行われ，人々が自己の事前の選択を支持する情報に対して強い選好を示すことが一貫して明らかにされてきた（Frey 1981）。

2-5-2. 確証バイアスの効果を検証するための実験

確証バイアスの効果を検証するための典型的な実験について，フライ（Frey 1981）の研究を参照しながら検討してみよう。この実験では，学校を卒業する直前の学生が参加者となった。学生らはまず，渡されたリストから，卒業後に従事したいと思う職業を選ぶようにいわれた。そして1週間後に再び集められ，先のリストに掲載されたすべての職業に関する詳細な資料の一覧から，自分の読みたいと思う資料を選ぶことを求められた。このとき資料には，学生が選択した職業に関する良い面を説明したものと，悪い面を説明したものが含まれていた。しかしいずれの学生も，1週間前に自らが選んだ職業の良い面を説明した資料（つまり事前の意思決定と整合する情報）を選択する傾向が強かった。

この実験手続きは，確証バイアス（あるいは選択的情報接触）に関する過去の多くの実証研究で用いられてきた実験手続きを，ほぼそのまま踏襲したものである（Frey 1981）。すなわちこの領域で行われる典型的な実験では，参加者は最初に何らかの意思決定を行うことを求められる。ついで参加者は，追加的な情報の選択肢を提供されるが，このとき2つの工夫がなされていることが多い。

第1の工夫は，追加的情報は内容を見せずにタイトル・リストとして渡されるものの，それぞれについて参加者が事前に行った意思決定と整合する内容か，整合しない内容かがわかるようになっていることである。またこのとき通常は，リストの半分が整合する内容，半分が整合しない内容となっている。第2の工夫は，追加的情報が専門家による記事や，先に同じ実験に参加した参加者の声などのかたちで提供されていることである。参加者にはこのような環境下で，どの情報を読みたいと思うかを選択することが求められる（Jonas, Schulz-Hardt, Frey, and Thelen 2001）。

　先行研究を振り返ると，こうした実験が積み重ねられる中で，参加者はほぼ一貫して，自己の事前の選択と整合する情報を読みたいと回答することが明らかになってきた。したがってこれらの研究の蓄積を踏まえると，人々の情報探索プロセスにおける確証バイアスの存在は，ほぼ疑う余地がないと考えることができるであろう。

2-5-3. 事前のブランド選択行動に関する本書の枠組み

　本書は，事前のブランド選択行動がクチコミ評価におよぼす影響について検討する際に，確証バイアスの考え方を参考にしている。しかしながら，本書が考える事前のブランド選択行動に関する枠組みは，上に述べた確証バイアス研究における実験手続きのそれと，若干異なっている。これは今日見られるインターネット環境を考慮したためである。

　すでに繰り返し述べてきたように，消費者はブランド選択を行った後で，追加的情報としてクチコミを参照することがある。しかし今日のインターネット環境では，複数のクチコミがプラットフォーム上に列挙されていることが多く，必ずしも事前の意思決定と整合するクチコミだけを選択することはできない。すなわち特定のプラットフォームにおける追加情報の接触には，選択の余地がない。そこで本書では，事前のブランド選択の有無が「追加情報の選択傾向」におよぼす影響ではなく，「追加情報の処理傾向」におよぼす影響という点から検討を行うことにした。これまでの確証バイアス研究の多くが，「どのような追加情報を選ぶか」に焦点を合わせてきたのに対して，本書では追加情報の内容は所与としたうえで，「それを受け入れるか，否か」について検討するわ

けである。

2-5-4. 事前のブランド選択行動による疑念効果の抑制

このような研究枠組みから導かれる，本書の見解について説明する。まず確証バイアスに関する先行研究から，人々は自己が行った事前の選択を支持する情報を選好することが明らかにされている。したがって追加情報としてクチコミが与えられた場合，消費者は自らが行った選択を支持するクチコミを選好することが予測される。またこのことをクチコミの正負バランスという文脈にあてはめると，正のクチコミ比率が高いほどこれを選好し，その主張を受け入れやすくなると考えられる。

以上から本書では，事前の選択行動が生み出す確証バイアスが，プロモーショナル型プラットフォームに対する信用性の低さを相殺すると考える。すなわちプロモーショナルなプラットフォームにおいて正の比率が高いクチコミ情報に接触した場合でも，それが事前に選択したブランドに関するクチコミであるならば，疑念効果は抑制されるというわけである。

2-5-5. 仮説3：疑念効果

前項2-5-4の議論を，前節2-4における議論と結びつけてみる。まずプロモーショナル型のプラットフォームでは，複数クチコミにおいて正のクチコミの比率が高くなりすぎると疑念効果が発生し，ブランドに関する評価が高まりにくい。しかし事前にブランド選択が行われた場合，確証バイアスが生じるため，正の比率が高いクチコミであっても疑念効果は抑制される。すると疑念効果は，プロモーショナル型プラットフォームにおいて，事前にブランド選択が行われず，なおかつ正の比率の高いクチコミ集合に接する場合に生じると考えられる。以上から，本書では次の仮説3を設定する。

仮説3：プロモーショナル型プラットフォームにおいて，事前にブランド選択が行われていない状況で，正の比率の高いクチコミ集合に接した場合，受信者のブランドの評価は低下する。

第2章　良いクチコミは良い効果をもたらすか　67

第 2 章のまとめ

　本章では，ラズウェルの枠組みから導かれた 3 つの着目点，すなわち複数クチコミにおける正負バランスが受信者におよぼす影響，クチコミを提供するプラットフォームが受信者におよぼす影響，および事前のブランド選択が受信者におよぼす影響に関して，それぞれに関する先行研究を検討したうえで，3 つの仮説を提示した。3 つの仮説とは，正負バランス効果，プラットフォーム効果，疑念効果である。これら 3 つの仮説は，いずれも異なる研究領域で従来議論されてきたものを，オンライン・クチコミが受け手におよぼす影響という点から組み合わせることで導かれたものである。次章以降では 3 つの仮説を実験によって検証し，その結果について議論を行っていく。

第3章

疑念効果をどう確かめるか
──実験の概要──

はじめに

　本章では，架空のオンライン英会話スクールのサイトを用いた CLT（central location test／会場調査）を行うことで，前章において提示した仮説を検証していく。以下では，まず実験素材としてオンライン英会話スクールのサイトを選定した理由について説明する。つづいて実験の概要，実験の流れ，実験用サイト，実施の概要について説明する。最後に操作チェックならびにサイト間の選好の差の推定を行い，実験において操作が適切に行われていたかを確認する。

3-1. 実験素材の選定

　本書の実験では，参加者に提示する刺激として架空のオンライン英会話スクールを用いることにした。これはリアリティと新規性という2つの条件を同時に満たす必要があるためである。まず，今回の実験では，実験中に提示される刺激に対して，参加者が実際に購買意図を形成したり，購買後の満足度を予測したりする必要があるので，実際の購買意思決定場面と同程度の，詳細で，具体的で，現実的な情報を参加者に提示しなければならない（リアリティ）。また，実験刺激には参加者が購買・使用経験を有していないことが求められるので，

69

現実に存在する何らかのブランドを利用することができない（新規性）。

　このように架空のブランドを，実際に存在しているかのように参加者に提示する必要があることを踏まえると，素材として利用できる製品カテゴリーはおのずと限られてくる。たとえば複雑な家電機器やクルマについて，新規にデザインを作成し，スペックを定め，ネーミングを行い，写真などを準備するのは，容易でないだろう。

　そこで今回の実験では，実験素材として架空のオンライン英会話スクールを用いることにする。英会話スクールを用いた理由は，実在するスクールのサイトを調査したところ，いずれもほぼ似通った要素（プログラム，教材などの紹介といくつかの写真など）から構成されており，架空のサイトを作成しやすいと判断したことがある。またオンライン型のスクールを用いた理由は，教室の場所をサイト上に提示する必要がないためである。通学型のスクールの場合には，サイト上に掲載された教室の場所イメージや，自宅や職場などからの距離などによって，参加者の利用意向に差が出る可能性があるのに対して，オンライン型のスクールの場合はこれらを排除することができる。

　こうした理由にもとづき，まず事前調査によって実験素材としての妥当性を確認し，そのうえで，オンライン英会話スクールを実験素材に用いることを決定した。なお実験素材選定のための事前調査については，巻末の Appendix-3 に記した。

3-2. 実験の概要

3-2-1. 実験計画

　仮説を検証するために，プラットフォーム要因（ソーシャル型条件／プロモーショナル型条件の２水準），事前のブランド選択行動要因（あり／なしの２水準），クチコミの正負バランス要因（ニュートラル条件／ポジティブ条件の２水準）という３要因を組み合わせた８条件による参加者間デザインの実験を行うことにした。またこれら３要因の影響を調べるために，オンライン英会話スクールに関する「満足」と「利用意向」という２つの従属変数を用いることにした。た

だし，ここにおける満足とは，オンライン英会話スクールに対する満足度の予想であり，期待される満足のことである。

3-2-2. 従属変数の測定

満足（期待される満足）の測定については「もしこのスクールのレッスンを受講したら，どの程度満足できると思いますか」という質問項目に対して，「とても満足できるだろう」と「まったく満足できないだろう」を両端とする5件法で回答してもらうことにした。また利用意向の測定については「このスクールのレッスンをどのくらい受講してみたいと思いますか」という質問項目に対して，「とても受講してみたい」と「まったく受講してみたくない」を両端とする5件法で回答してもらうことにした（Appendix-4f）。

3-2-3. 調整変数

2つの従属変数に加えて，「クチコミ発信者との類似性」および「クチコミが参考になった程度」についても測定を行うことにした。クチコミ発信者との類似性は「実際に受講した人たちの好みには，あなた自身の好みと共通点があると感じましたか」という質問項目に対して，「とても共通点があった」と「まったく共通点がなかった」を両端とする5件法で回答してもらうことで測定した。クチコミが参考になった程度は「これらのコメントは，スクール選びの参考になると思いますか」という質問項目に対して，「とても参考になる」と「まったく参考にならない」を両端とする5件法で回答してもらうことで測定した（Appendix-4f）。これら2つの変数は，第6章における探索的分析において用いることになる。

またフェイス情報として，「性別」「年齢」「最終学歴」というデモグラフィックス変数についてデータを収集することにした。これらのうち性別と年齢については，実験中にウェブから直接本人に回答してもらうが，最終学歴については，会場では答えにくい場合があることを考慮して，実査を依頼した調査会社の登録データ（各協力者が調査会社にモニターとして登録する際に申請したデータ）を用いることにした。

3-3. 実験の流れ

　実験ではソーシャル型とプロモーショナル型という，異なるタイプのプラットフォームのサイトを用意した。また実験参加者に提示するクチコミ集合には，大半が肯定的な意見のもの（正の比率が高いもの）と，肯定的な意見と否定的な意見が混じったもの（ニュートラルなもの）の2種類を用意した。さらにソーシャル型においてもプロモーショナル型においても，サイトの内容構成を変えることによって，事前のブランド選択が行われる場合と行われない場合とを操作した。

　会場における実験の流れは次のようなものである。会場を訪れた実験参加者は，まず受付で事務手続きを行い，IDを受け取る。さらに補助員によって指定されたパソコンの前に誘導され，画面に表示された質問に回答していく。なお回答手続きを誤らないように，回答者1人に対して補助員1人が回答完了まで付き添うようにした。

　パソコンの前に着席した後の流れは，図3-1に示したとおりである。まず参加者は後述する「カバー・ストーリー」を読んだ後で，IDを入力する。つづいて英会話スクールのサイトを閲覧することになるが，このとき事前のブランド選択なしの条件の場合には1つのスクールが提示され，事前のブランド選択ありの場合には5つのスクールが提示される。そして事前のブランド選択ありの場合のみ，「最も利用したいと思った英会話スクール」を1つだけ選択するように求められる。

　その後の流れは，事前のブランド選択の有無にかかわらず，まったく同じである。いずれの参加者も，クチコミ提示前説明文を読み，ソーシャル型ないしはプロモーショナル型のプラットフォームに掲載された8つのクチコミを閲覧した後で，クチコミが参考になった程度，ブランド評価，フェイス情報，クチコミ発信者と自己との類似性の知覚といった質問項目に回答する（Appendix-4f）。最後に補助員から質問紙を渡され，そこに記載された操作チェック質問に回答する。そして補助員とともに受付に戻り，謝礼とデブリーフィング用紙（Appendix-4g）を受け取る。

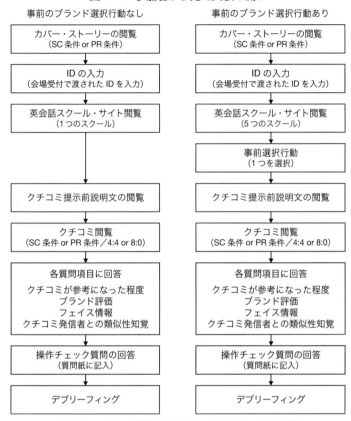

図 3-1：参加者から見た実験の流れ

SC 条件＝ソーシャル型条件，PR 条件＝プロモーショナル型条件
4:4＝肯定 4＋否定 4（ニュートラル条件），8:0＝肯定 8＋否定 0（ポジティブ条件）

　なおこの流れは，社会的比較過程領域における代表的な研究とされているガーザルズとネルソン（Goethals and Nelson 1973）の実験手続きを踏襲したものである。ガーザルズらの実験では，参加者は 2 人の大学志願者（自分と類似した者と類似していない者）のビデオを見せられた後で，入学後により優れた成績を収めると思われる者を選ぶことを求められる。そしてこれらの志願者に関する他者の評価を読み，各自の選択に関する確信度を回答する。このように社会的比較過程研究における実験デザインでは，参加者が事前の意思決定を行った後に，他者によるコメントを読むという流れが一般的であり，第 2 章 5 節

(2-5-2) で説明した確証バイアスに関する実験手続きとも共通するものである。

3-4. 実験用サイト

　本書では実験のために「e 英会話」「ウェブレッスン英会話」「オンライン英会話」「どこでも英会話」「ネット de 英会話」という異なる 5 つの架空のオンライン英会話スクールのサイトを作成した。それぞれの学校のページは視覚的要素（ネーム，ロゴ，シンボル，デザイン，写真に登場する人物など）は異なるが，レッスンの内容やカリキュラムなど，顧客に提供される内容は同じになるように統制されている。サイトの基本構造は Appendix-4a に示したとおりである。

　実験ではこれら 5 つのスクールのサイトを用いながら，事前のブランド選択行動（2 水準）×プラットフォーム（2 水準）×正負バランス（2 水準）という 3 要因を組み合わせた 8 条件を実現する。以下では，これら各要因の詳細について説明する。

3-4-1. 事前のブランド選択行動

✢ 事前のブランド選択なし

　「事前のブランド選択なし」条件用のサイトの構成について簡単に説明する。このタイプのサイトでは，実験開始直後に図 3-2 のようなカバー・ストーリーが表示され，のちほど提示される英会話スクールについて回答することが求められる（カバー・ストーリーの詳細については Appendix-4b を参照）。そして実験参加者に 5 つのスクール・サイトのうちの 1 つが提示され，8 つのクチコミを閲覧した後に，ブランドの評価（満足・利用意向）が求められる。

✢ 事前のブランド選択あり

　つづいて「事前のブランド選択あり」条件用のサイトの構成について説明する。このタイプのサイトでは，実験開始直後に画面には図 3-3 のようなカバー・ストーリーが表示され，実験中に 5 つの英会話スクールから 1 つを選択することが説明される（カバー・ストーリーの詳細については Appendix-4b を参照）。

図 3-2：「プロモーショナル型／事前のブランド選択なし」条件のカバー・ストーリー

【2】

これからご覧いただくのは、日本への進出を検討している、海外の英会話スクールのウェブ・サイトです。このスクールは、非英語圏を中心に、世界各国でオンライン英会話スクールを運営しています。

このたび、日本でオンライン英会話スクールを開校するために、日本向けのサイトを作成したところです。ぜひ、みなさまからご意見をいただければ幸いです。

ご覧いただくサイトの説明文や写真などは、どれも日本向けに新たに作成したものです。また画面に表示されるスクール名は、すべて仮のものです。（本当のスクール名ではありません）

ただし、後ほどご覧いただく「受講者のコメント」は、現在すでにある英会話スクールの海外の公式サイトに書き込まれた本当のコメントを翻訳したものです。（日本向けに新たに作成したものではありません。）

なお今回のアンケートでは、みなさまの回答の仕方（しっかり文章を読んでいるか、よく考えて回答しているか、など）についても、独自のシステムを用いて測定しております。このシステムにもとづいて、じっくりとお時間をかけ、内容をよく検討したうえでご回答された方には、抽選でプレゼントをご用意しております。

どうぞよろしくお願いいたします。

次　へ

図 3-3：「ソーシャル型／事前のブランド選択あり」条件のカバー・ストーリー

【2】

これからご覧いただくのは、日本への進出を検討している、複数の海外の英会話スクールのウェブ・サイトです。これらのスクールは、非英語圏を中心に、世界各国でオンライン英会話スクールを運営しています。

このたび、日本でもオンライン英会話スクールを開校するために、日本向けのサイトを作成したところです。ぜひ、みなさまからご意見をいただければ幸いです。

今回のアンケートでは、5つの英会話スクールから、みなさまが利用してみたいと感じられるスクールを1つ選んで、ご意見をいただくことになります。

ご覧いただくサイトの説明文や写真などは、どれも日本向けに新たに作成したものです。また画面に表示されるスクール名は、すべて仮のものです。（本当のスクール名ではありません）

ただし、後ほどご覧いただく「受講者のコメント」は、英会話スクールとは関係のない海外のクチコミ・サイトに投稿されたものを翻訳したものです。（日本向けに新たに作成したものではありません。）

なお今回のアンケートでは、みなさまの回答の仕方（しっかり文章を読んでいるか、よく考えて回答しているか、など）についても、独自のシステムを用いて測定しております。このシステムにもとづいて、じっくりとお時間をかけ、内容をよく検討したうえでご回答された方には、抽選でプレゼントをご用意しております。

どうぞよろしくお願いいたします。

次　へ

第 3 章　疑念効果をどう確かめるか

図 3-4：英会話スクールの選択

つづいて実験参加者は，「ウェブレッスン英会話」「ネット de 英会話」「どこでも英会話」「オンライン英会話」「e 英会話」という 5 つのオンライン英会話スクールそれぞれについて，詳細な情報が掲載されたページを閲覧することになる（Appendix-4c 参照）。それぞれのスクールのページは，レッスンの内容やカリキュラムなど，顧客に提供されるサービス内容が同じになるように統制されている。また実験参加者は，これら複数のスクール情報をすべて閲覧したうえでなければ，次の画面には進めないようにサイトが設計されている。

さらに実験参加者は，5 つのオンライン英会話スクールの中から，もっとも利用してみたいと考えるスクールの選択をするように求められる（図 3-4）。そして，選択したスクールに関する 8 つのクチコミを閲覧した後で，スクールについての評価を回答することが求められる。

図3-5：複数クチコミの提示（ソーシャル型条件）

【10】

これは、「スクールとは関係ない」クチコミ・サイトに投稿された、実際の受講者コメントです。しっかりとご覧ください。

「ウェブレッスン英会話」のクチコミ

👤 **Y.Sさん** お勧め度：★★★★☆

人前で英語を話すのが苦手な私でも、自宅でオンラインレッスンなので、「間違っても恥ずかしくない」というのが大きかったですね。恥ずかしがらずに話していたら、いつの間にか英語を発音するのが楽しくなりました。

👤 **A.Sさん** お勧め度：★★★★★

リスニングとスピーキングに緊張する事がなくなり、英会話への気負いがなくなりました。講師の方もとても親切で、楽しく受講できました。

👤 **M.Mさん** お勧め度：★★★★☆

仕事の都合もあって、早朝レッスンで英会話レッスンをとりいれました。
目覚ましの代わりにもなり、リフレッシュした頭でできたせいか、思った以上に向上できました。

3-4-2. プラットフォーム

　実験のために作成したサイトには，事前のブランド選択行動（あり／なし）に加えて，「ソーシャル型」条件用と「プロモーショナル型」条件用の種類がある。両者は，カバー・ストーリー，クチコミ提示前の説明文，クチコミ表示ページの3点で異なっている。

　まずカバー・ストーリーの違いについて説明する。ソーシャル型条件用のサイトでは，「受講者のコメント」が「英会話スクールとは関係のない，海外のクチコミ・サイトに投稿された」ものであると説明される。プロモーショナル

第3章　疑念効果をどう確かめるか　77

図3-6：複数クチコミの提示（プロモーショナル型条件）

【9】

これは、「英会話スクールの公式サイト」のクチコミ欄に掲載された、実際の受講者のコメントです。しっかりとご覧ください。

受講者の声

「ウェブレッスン英会話」の受講生の満足度は98%。多くの方に愛され、選ばれるわけには様々な能力・環境の方々を支援する独自の学習環境にあります。

I.Eさん　お勧め度：★★★★☆

講師に「なまり」がないか、すべての講師について、事前に動画でチェックできました。安心して講師を選べたので、満足してます。

Y.Sさん　お勧め度：★★★★☆

型条件用のサイトでは，「英会話スクールの海外の公式サイトに書き込まれた」ものであると説明される。前掲の図3-2はプロモーショナル型条件用のカバー・ストーリーであり，図3-3はソーシャル型条件用のカバー・ストーリーである（カバー・ストーリーの詳細については Appendix-4b を参照）。2つの図を比較するとわかるように，カバー・ストーリー部分におけるソーシャル型条件とプロモーショナル型条件の操作は，文言のみによって行われている。これはサイトのデザイン自体を「ソーシャル型風」や「プロモーショナル型風」にすることを避けて，より厳密な統制を行うためである。

次にクチコミ提示前の説明文であるが，これもソーシャル型条件とプロモーショナル型条件を極力同じものにして準備した。なお，それぞれの文章の詳細は Appendix-4d に記した。

クチコミ表示ページは，図3-5がソーシャル型条件のものであり，図3-6がプロモーショナル型条件のものである。それぞれの図に示したように，前者には「『スクールとは関係ない』クチコミ・サイトに投稿された」ものという説明があり，後者には「『英会話スクールの公式サイト』のクチコミ欄に掲載された」ものという説明がある。なおプロモーショナル型条件では，複数クチコミを掲載している英会話スクールを示す画像を画面上部に表示することで，プロモーショナル条件であることを確認しやすくした。

3-4-3. 正負バランス

正負バランスは，実験協力者に見せる8つのクチコミの内容を変えることで操作をする。具体的には，肯定的なクチコミ（正のクチコミ）を8種類，否定的なクチコミ（負のクチコミ）を4種類，合計12種類のクチコミを用意し，これらを組み合わせて使用する（Appendix-4e）。なおそれぞれのクチコミは英会話スクールに関する経験を述べる短文と，「お勧め度」として表示される星の数（5点満点）によって構成されている。また正のクチコミの場合は，星は4つか5つとし，負のクチコミの場合は，星は1つか2つとした。このように星の数を若干分散させたのは，実験用サイトを閲覧する参加者らができるだけ自然に感じるようにするためである。

実験サイト上では，これら正負12種類のクチコミを組み合わせることで，

正と負が 4:4 である条件（ニュートラル条件）と 8:0 である条件（ポジティブ条件）のクチコミ集合が構成されることになる（Appendix-4e）。なおいずれの場合も，4:4 ないしは 8:0 という正負バランスを保ちつつ，実際に表示されるクチコミはランダムとなるように工夫をした。

3-5. 実験の実施

3-5-1. 調査協力者

　調査協力者は首都圏（東京都・埼玉県・千葉県・神奈川県）在住の 20 歳から 69 歳の一般消費者から選出した。この際，実験刺激であるオンライン英会話スクールへの関与度を一定にするために，「英会話学習に関心がある人」という条件でスクリーニングを行った。この結果，合計 471 名が調査に参加した。

3-5-2. 実験の日時・会場レイアウト・実験の流れ

　今回の実験では，参加者に対して，画面に表示される内容をかなり集中して読んだうえで，意思決定をすることが求められる。このため参加者が自宅などから実験サイトにアクセスして回答する方法では，必ずしも良質なデータを収集できない可能性がある。そこで本書では，CLT（会場調査）を採用することにした。

　リスク管理上の観点から，実査は 2 回の日程に分けて行うことにした。実験準備には万全を期したものの，万一テスト・サイトにバグ等が存在した場合に対応できるようにするためである。具体的には 2016 年 3 月に第 1 回目の実験を行い，サイトの動作やオペレーションに問題がなければ，これとまったく同じ条件で同 5 月に第 2 回目の実験を行う計画とした。

　第 1 回目の実験は 2016 年 3 月 5 日（土）および 6 日（日）の日中に行った。この結果，実験運営に大きな問題が生じなかったため，第 2 回目を 2016 年 5 月 21 日（土）および 22 日（日）の日中に行った。実験は上述した 4 日間にわたり，まったく同じ条件で行われた。すなわち同じ会場，同じ時間帯，同じパ

表 3-1：割り付けパターン

	ソーシャル型 プラットフォーム条件		プロモーショナル型 プラットフォーム条件	
	4:4	8:0	4:4	8:0
事前選択なし	①	②	⑤	⑥
事前選択あり	③	④	⑦	⑧

ソコン，同じ画面，同じ条件でスクリーニングした協力者によって行われた。なお実験会場は東京都内に設置し，参加者が落ち着いて作業に取り組めるよう，受付と実験会場を異なる部屋にした。会場レイアウトと実験参加者の動線については Appendix-4h に示したとおりである。

3-5-3. 割り付け

実験では表 3-1 に示した 8 条件に対して参加者を割り付けた。各実験条件間で性別，年齢および学歴において偏りがないように，できる限り均等に割り付けを行った（割り付け結果の詳細は Appendix-4i 参照）。

3-6. 操作チェック

実験が適切に操作されているかを確認するために，2 つの操作チェックを行った。操作チェック 1 ではプラットフォームの操作について確認をし，操作チェック 2 では正負バランスの確認を行った。

操作チェック用データの収集は，実験終了後に質問紙法（ウェブ・サイトへの入力ではなく紙の回答用紙への記入）によって行った。なお今回の実験では，会場の都合により，参加者全員に対して操作チェックを行うことができなかった（詳細は Appendix-4j 参照）。しかし全体の 82% から操作チェック用データを回収できたことに加え（実験参加者 471 人に対して操作チェック 1 の回答者は 384 人，操作チェック 2 の回答者は 385 人），8 つの条件ごとの分散もほぼ均等であることから，このデータを用いて操作チェックを行うことに問題ないと考えた。なお操作チェック 1 と操作チェック 2 の回答者に差が生じたのは「プロモ

表3-2：操作チェック1の回答状況

プラットフォーム	英会話学校のサイト	英会話学校とは 関係のないサイト
ソーシャル型条件	30 （16%）	163 （84%）
プロモーショナル型条件	167 （87%）	24 （13%）

ーショナル型／4:4／事前選択なし」条件において，操作チェック1への回答
を忘れた参加者が1名いたためである。

3-6-1. 操作チェック1（プラットフォーム要因の操作の確認）

　プラットフォーム要因の操作を確認するために，実験終了後に，「ご覧にな
ったクチコミは『英会話学校のサイト』に書いてあったでしょうか，『英会話
学校とは関係のないサイト』に書いてあったでしょうか」という質問を行った
（Appendix-4f参照）。回答を得られた384人の結果は表3-2に示したとおりで
ある。

　表3-2の結果について，ベイズ推定によって比率の差とオッズ比を推定した。
事前分布は，母平均 $\mu \sim U$ （0〜1000），母標準偏差 $\sigma \sim U$ （0, 500）の一様分布
とした。乱数の発生には HMC 法（Hamiltonian Monte Carlo Method: ハミルトニ
アン・モンテカルロ法）を用いた。長さ2万1000の乱数列を5つ発生させ，バ
ーンイン期間を1000とし，合計10万個の乱数を発生させることで事後分布を
近似した。点推定には，事後分布の平均値である EAP（expected a posteriori:
事後期待値）を用いることにした。分析のためのソフトウェアには R および
Stan を使用した。Rhat<1.1 であることと，トレース・プロットに非定常性
（ドリフト）が見られなかったことをもって，収束したことを確認した。

　推定の結果，比率の差は5.6（95%CI（確信区間）：[4.1〜7.4]）であり，オッズ
比は38.3（95%CI: [21.1〜65.8]）であった。オッズ比の値から，プロモーショ
ナル型条件のグループが「英会話学校のサイト」と回答する傾向は，ソーシャ
ル型条件のグループが同様の回答をする傾向よりも約38倍大きいと解釈でき
るため，操作が適切に行われていると判断した。

表3-3：操作チェック2の回答状況

正負バランス	ほとんどない	少しあった
4:4	6 (3%)	185 (97%)
8:0	187 (96%)	7 (4%)

3-6-2. 操作チェック2（正負バランス要因の操作の確認）

　正負バランス要因の操作の確認は「ご覧になったクチコミに，評価の低いクチコミはあったと思いますか」という質問によって行うことにした。回答を得られた385人の結果は表3-3に示したとおりである。

　操作チェック1と同様の推定を行い，Rhat<1.1であることと，トレース・プロットに非定常性が見られなかったことをもって，収束したことを確認した。推定の結果，比率の差は30.8（95%CI [14.4～55.4]）であり，オッズ比は833.3（95%CI [261.3～2191.7]）であった。操作チェック2においても，オッズ比が十分に大きいことから，操作が適切に行われていると判断した。

　以上の操作チェックに関する分析より，本実験から得られたデータを用いて事前に設定した仮説の検証を行うことに問題はないと判断した。

3-7. スクール・サイト間の選好の差の確認

　本書では英会話スクールのサイトを5種類作成して，実験に使用している。3-4で述べたように，これら5種類のサイトはその内容ができるだけ均等になるように工夫を凝らしてあるが，念のために，実際にサイト間で選好（満足・利用意向）に違いがないことを確認した。

　この確認は，操作チェックと同様にベイズ推定によって行った。推定に用いたソフトウェアならびにパラメーター設定も，操作チェックと同じである。Rhat<1.1であることと，トレース・プロットに非定常性が見られなかったことをもって収束を確認し，分析結果の解釈を行った。

第3章　疑念効果をどう確かめるか　83

5つのスクールの満足および利用意向について事後分布の平均値である EAP を推定したところ，満足は 3.25〜3.47，利用意向は 3.41〜3.65 であり，サイト間で大きな違いは見られなかった。また，それぞれのサイト間の平均値の差を確認したところ，いずれにおいても 95% 確信区間に 0 を含んでいた。これらの分析結果にもとづき，5つのスクールのサイト間には選好の違いが認められないと判断した。

第 3 章のまとめ

本章では，第 2 章において提示された 3 つの仮説を検証するために行われた実験について説明した。この実験は，架空のオンライン英会話スクールのサイトを実験素材として，CLT（会場調査）形式で行われた。架空のオンライン英会話スクールのサイトを選んだのは，リアリティと新規性という 2 つの条件を同時に満たすことができるうえ，架空のブランドを，実際に存在しているかのように参加者に提示することが比較的容易であるためである。

実験デザインは，プラットフォーム要因（ソーシャル型／プロモーショナル型の 2 水準），事前のブランド選択行動要因（あり／なしの 2 水準），クチコミの正負バランス要因（ニュートラル条件／ポジティブ条件の 2 水準）という 3 要因を組み合わせた 8 条件による参加者間デザインであり，従属変数として満足（期待される満足）および利用意向が測定された。

2016 年 3 月および 5 月に，首都圏在住の一般消費者 471 名を対象として実験を実施した。こうして得られたデータに対し，プラットフォーム要因および正負バランス要因について，操作チェックを行ったところ，操作が適切に行われていることが確認できた。また，異なるスクール間でサイトに対する選好に違いが認められないことも確認された。次章では，実験によって得られたデータを用いて，3 つの仮説の妥当性を検証していくことにする。

第4章

消費者は
良いクチコミをどう疑うか
——実験結果の分析——

はじめに

本章では，第2章で提示した仮説を，第3章の実験で得られたデータを用いて検証する。第1節において正負バランス効果（仮説1）およびプラットフォーム効果（仮説2）について検証を行い，第2節において疑念効果（仮説3）の検証を行う。

なお読みやすさの向上と表記の簡潔化のために，第4章〜第6章では，いくつかの表記について表4-1のような略称を用いることにする。また同様に第4章2節から第6章では，8つの実験条件について図4-1のようなナンバリングをする。このナンバリングは，表3-1（81ページ）で示した割り付けパターンに準拠したものである。

4-1.「正負バランス効果」（仮説1）および
「プラットフォーム効果」（仮説2）の検証

4-1-1. 検証の方法

本節では正負バランス効果（仮説1）およびプラットフォーム効果（仮説2）について検証を行う。これら2つの仮説を検証するために，正負バランス（4:4条件／8:0条件）とプラットフォーム（SC条件／PR条件）の効果の大きさに

85

表4-1:分析結果の略称(第4章~第6章で使用)

略　称	意　味
SC条件	ソーシャル型プラットフォーム条件
PR条件	プロモーショナル型プラットフォーム条件
EAP	事後分布の平均値
p sd.	事後標準偏差
95%CI	95%確信区間
2.5%・5%・50%・95%・97.5%	各確率点の推定値
d	効果量

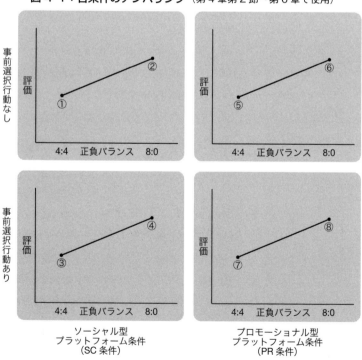

図4-1:各条件のナンバリング(第4章第2節~第6章で使用)

ついて推定を行った。それぞれの仮説が正しければ，正負バランスおよびプラットフォームの主効果が確認できるはずである。なお2つの効果を確認するための従属変数は「満足」（期待される満足）と「利用意向」とした。

分析はベイズ推定によって行った。分析の条件は第3章6節の操作チェックと同じである。事前分布は母平均 $\mu \sim U$（0～1000），母標準偏差 $\sigma \sim U$（0，500）の一様分布とし，乱数の発生には HMC 法を用いた。長さ2万1000の乱数列を5つ発生させ，バーンイン期間を1000とし，合計10万個の乱数を発生させることで事後分布を近似した。点推定には事後分布の平均値である EAP を用いることにした。なお分析のためのソフトウェアには R および Stan を使用し，Rhat<1.1 であることとトレース・プロットに非定常性が見られなかったことをもって，収束したことを確認した。

4-1-2. 分 析 結 果

各条件における平均値（EAP）は図4-2および表4-2に示したとおりである。満足も利用意向も8:0条件の方が4:4条件よりも高く，正のクチコミ比率が高いほどブランド評価は高くなる傾向（仮説1）が読み取れる。また SC 条件（濃い線）の方が PR 条件（薄い線）よりも満足ならびに利用意向の値が高く，ソーシャル型プラットフォームに掲載されたクチコミの方が，プロモーショナル型プラットフォームに掲載されたクチコミよりも，受信者のブランド評価を高めやすい傾向（仮説2）が読み取れる。

各要因の主効果ならびに交互作用効果は，表4-3に示したとおりである。まず従属変数を満足としたときの結果について検討する。はじめにプラットフォーム効果および正負バランス効果を見ると，いずれも95％確信区間に0を含んでおらず，それぞれの主効果の存在が確認できる。この結果は，正のクチコミ比率が高いほど，また SC 条件の方が PR 条件よりもブランド評価が高い傾向を示している。ただしプラットフォーム効果の効果量（d）は0.12と小さなものであった。ここにおける効果量（d）は，一般的に「d family」と分類されるものである（水本・竹内 2008）。水本・竹内（2008, 2011）によれば効果量（d）の大きさの目安として，0.2であれば小さく，0.5であれば中であり，0.8であれば大きいとされている。つづいて交互作用効果を見ると，95％確信区

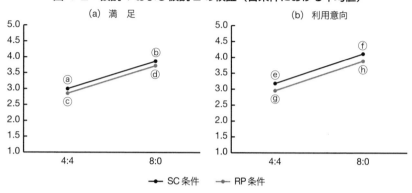

図4-2:仮説1および仮説2の検証(各条件における平均値)

表4-2:仮説1および仮説2の検証(各条件における平均値)

	満 足		利用意向	
	4:4	8:0	4:4	8:0
SC条件	ⓐ 3.02	ⓑ 3.87	ⓔ 3.18	ⓕ 4.10
PR条件	ⓒ 2.85	ⓓ 3.72	ⓖ 2.96	ⓗ 3.89

表4-3:仮説1および仮説2の検証(全体の平均値・主効果・交互作用効果)

満 足	EAP	p sd.	2.5%	5%	50%	95%	97.5%	d
全平均	3.37	0.03	3.30	3.31	3.37	3.42	3.43	—
正負バランス効果	0.43	0.03	0.37	0.38	0.43	0.48	0.49	0.62
プラットフォーム効果	0.08	0.03	0.02	0.03	0.08	0.13	0.14	0.12
交互作用効果	−0.01	0.03	−0.07	−0.06	−0.01	0.05	0.06	0.04
利用意向	EAP	p sd.	2.5%	5%	50%	95%	97.5%	d
全平均	3.53	0.04	3.46	3.47	3.53	3.60	3.61	—
正負バランス効果	0.46	0.04	0.39	0.40	0.46	0.53	0.54	0.53
プラットフォーム効果	0.11	0.04	0.03	0.05	0.11	0.17	0.18	0.12
交互作用効果	0.00	0.04	−0.08	−0.07	0.00	0.06	0.07	0.04

(注) アミ掛けの部分は95%確信区間に0を含んでいない効果。

間に 0 を含んでおり，その存在は確認できなかった。

　次に従属変数を利用意向としたときの結果を見ると，満足を従属変数とした
ときとまったく同じ傾向が示されている。すなわち，正負バランス効果とプラ
ットフォーム効果の存在が確認できた。また正負バランス効果の効果量が中程
度であるのに対して，プラットフォーム効果の効果量が小さいことも同じであ
った。

　以上から，仮説 1（他の条件が一定であれば，正のクチコミ比率が高いほど，受
信者のブランドに関する評価は高くなる）および，仮説 2（ソーシャル型プラット
フォームに掲載されたクチコミの方が，プロモーショナル型プラットフォームに掲
載されたクチコミよりも，ブランドに関する受信者の評価を高めやすい）は支持さ
れた。

4-2. 「疑念効果」（仮説 3）の検証

4-2-1. 検証の方法

　本節では疑念効果（仮説 3）について検証を行う。疑念効果の検証は，以下
の 2 つの方法によって行うことにする。

✥ 方法 1：交互作用効果の確認
　疑念効果は，プロモーショナル型プラットフォームにおいて，事前にブラン
ド選択行動をしていない場合にのみ発生すると考えられる。そこで PR 条件に
おいてのみ，事前選択と正負バランスの交互作用が存在することを確認する
（図 4-3）。

✥ 方法 2：単純主効果の確認
　上述した第 1 の方法は，疑念効果が事前にブランド選択行動をしていない場
合にのみ発生することを確認できる点で優れている。しかしこの方法には欠点
もある。それは PR 条件において，事前選択と正負バランスのあいだに交互作
用が確認されたとしても，本当に「事前選択なし／8:0」条件と「事前選択あ

第 4 章　消費者は良いクチコミをどう疑うか　89

図 4-3：疑念効果の確認方法 1（交互作用効果の確認）

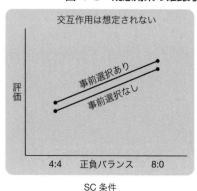
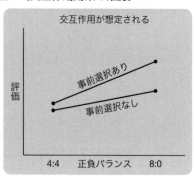

り／8:0」条件の間に差が生じているかを確認することはできないことである。言い換えれば，それは「事前選択なし／4:4」条件と「事前選択あり／4:4」条件の間に差が生じているためかもしれない。

そこで第2の方法として，PR条件の「事前選択なし／8:0」条件と「事前選択あり／8:0」条件の平均値の間に差が存在するかを確認する（単純主効果の確認）。具体的には図4-4に示した①〜⑧の8つの条件の中で，⑥と⑧の間に差が存在することを確認することにする。

✦ 分析の方法

これら2つの方法による確認を行うために，プラットフォーム（SC条件およびPR条件）ごとに，事前選択（ブランド選択行動なし／ブランド選択行動あり）および正負バランス（4:4条件／8:0条件）という2つの要因の効果の大きさについて，ベイズ推定を行った。なお従属変数には，仮説1および2の検証と同様に，満足と利用意向を用いた。

推定に用いたソフトウェアならびにパラメータ設定は仮説1および2における分析とすべて同じである。Rhat<1.1であることと，トレース・プロットに非定常性が見られなかったことをもって，収束したことを確認した。

図 4-4：疑念効果の確認方法 2（単純主効果の確認）

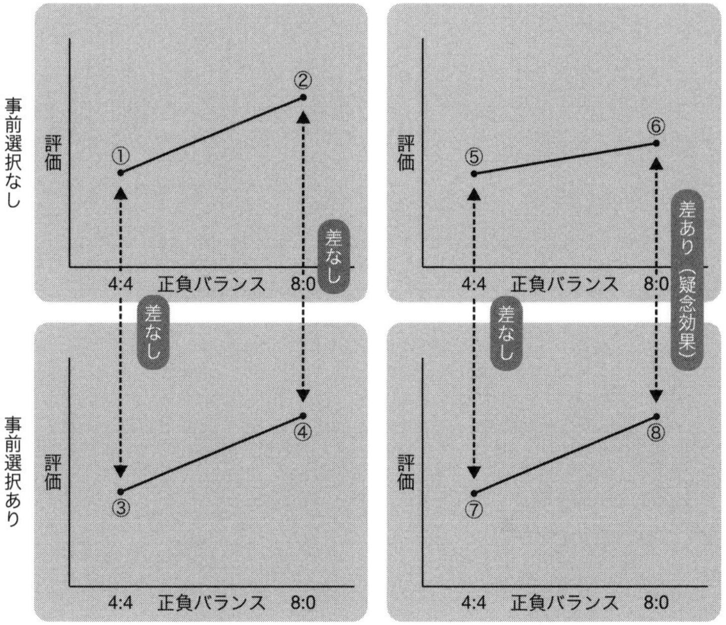

事前選択なし

評価

① ②

4:4　正負バランス　8:0

差なし

事前選択あり

評価

③ ④

4:4　正負バランス　8:0

差なし

評価

⑤ ⑥

4:4　正負バランス　8:0

差あり（疑念効果）

評価

⑦ ⑧

4:4　正負バランス　8:0

差なし

SC 条件

PR 条件

4-2-2. 分析結果

✤ 満足に対する影響

　はじめに満足に対する影響について検討する。まず「方法 1」による交互作用効果の確認を行う。8 つの条件（①〜⑧）の平均値（EAP）は図 4-5 および表 4-4 に示したとおりである。グラフを見ると，SC 条件では事前選択「なし」と「あり」の線がほぼ平行であるのに対して，PR 条件では 2 つの線が交差しており，交互作用の存在がうかがえる。

　各要因の主効果ならびに交互作用効果は表 4-5 に示したとおりである。上段の SC 条件を見ると，事前選択の主効果と交互作用効果が 95% 確信区間に 0 を含んでいるのに対して，正負バランスの主効果は 95% 確信区間に 0 を含んでいない。また正負バランスの効果量（d）は 0.64 と中程度の大きさを示して

第 4 章　消費者は良いクチコミをどう疑うか　91

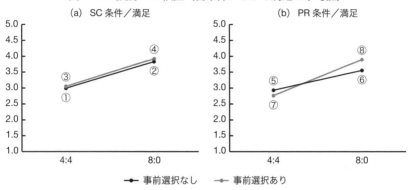

図4-5:仮説3の検証(各条件における満足の平均値)

表4-4:仮説3の検証(各条件における満足の平均値)

	SC条件		PR条件	
	4:4	8:0	4:4	8:0
事前選択なし	① 3.00	② 3.83	⑤ 2.93	⑥ 3.56
事前選択あり	③ 3.04	④ 3.92	⑦ 2.76	⑧ 3.88

表4-5:仮説3の検証(従属変数を満足とした全体の平均値・主効果・交互作用効果)

SC条件	EAP	p sd.	2.5%	5%	50%	95%	97.5%	d
全平均	3.45	0.04	3.36	3.38	3.45	3.51	3.53	—
事前選択効果	0.03	0.04	−0.05	−0.04	0.03	0.10	0.11	0.06
正負バランス効果	0.43	0.04	0.35	0.36	0.43	0.50	0.51	0.64
交互作用効果	0.01	0.04	−0.07	−0.06	0.01	0.08	0.10	0.05
PR条件	EAP	p sd.	2.5%	5%	50%	95%	97.5%	d
全平均	3.28	0.05	3.19	3.21	3.28	3.36	3.37	—
事前選択効果	0.04	0.05	−0.05	−0.04	0.04	0.11	0.13	0.07
正負バランス効果	0.44	0.05	0.35	0.36	0.44	0.51	0.53	0.60
交互作用効果	0.12	0.05	0.03	0.05	0.12	0.20	0.21	0.17

(注) アミ掛けの部分は95%確信区間に0を含んでいない効果。

表 4-6：仮説 3 の検証（事前選択なし／ありの満足の平均値の差）

	平均値の差		各確率点における差の推定値					効果量
	EAP	p sd.	2.5%	5%	50%	95%	97.5%	d
①と③（SC 条件／4:4）	0.04	0.12	−0.20	−0.16	0.04	0.23	0.27	0.05
②と④（SC 条件／8:0）	0.09	0.12	−0.15	−0.11	0.09	0.28	0.32	0.13
⑤と⑦（PR 条件／4:4）	−0.17	0.13	−0.42	−0.38	−0.17	0.04	0.09	0.23
⑥と⑧（PR 条件／8:0）	0.33	0.13	0.07	0.11	0.32	0.54	0.58	0.44

（注）アミ掛けの部分は 95% 確信区間に 0 を含んでいないもの。

いる。したがって SC 条件では，正負バランスの主効果のみが存在すると解釈できる。

　下段の PR 条件を見ると，事前選択の主効果が 95% 確信区間に 0 を含んでいるのに対して，正負バランスの主効果と交互作用効果はいずれも 95% 確信区間に 0 を含んでいない。したがって PR 条件では，正負バランスの主効果と交互作用効果が存在すると解釈できる。ただし正負バランス効果の効果量（d）が 0.60 と中程度であるのに対して，交互作用効果の効果量（d）は 0.17 と小さなものであった。

　つづいて「方法 2」による単純主効果の確認を行う。図 4-4 に示した 8 つの条件（①～⑧）について，プラットフォームと正負バランスが同条件の「事前選択なし」と「事前選択あり」の満足度の差を確認した。この結果，表 4-6 に示したように⑥と⑧の間においてだけ 95% 確信区間に 0 を含んでいなかった。したがって PR 条件／8:0 条件においてのみ，事前選択ありと比べて事前選択なしの方が，満足度が低いことが確認できた。なお⑥と⑧の差の効果量（d）は 0.44 と中程度の値を示していた。

❖ 利用意向に対する影響

　満足につづいて利用意向に対する影響について検討する。まず「方法 1」による交互作用効果の確認を行う。8 つの条件（①～⑧）の平均値（EAP）は，図 4-6 および表 4-7 に示したとおりである。グラフを見ると，SC 条件において事前選択「なし」と「あり」の線がおおむね平行であるのに対して，PR 条件では 2 つの線が交差しており，交互作用の存在がうかがえる。

　各要因の主効果ならびに交互作用効果は，表 4-8 に示したとおりである。上段の SC 条件を見ると，事前選択の主効果と交互作用効果が 95% 確信区間に 0

第 4 章　消費者は良いクチコミをどう疑うか　93

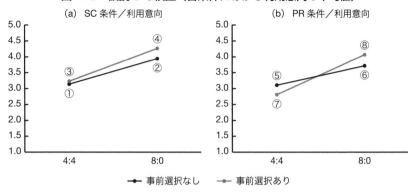

図 4-6：仮説 3 の検証（各条件における利用意向の平均値）

表 4-7：仮説 3 の検証（各条件における利用意向の平均値）

	SC 条件		PR 条件	
	4:4	8:0	4:4	8:0
事前選択なし	① 3.13	② 3.95	⑤ 3.10	⑥ 3.71
事前選択あり	③ 3.23	④ 4.25	⑦ 2.81	⑧ 4.07

表 4-8：仮説 3 の検証（従属変数を利用意向とした全体の平均値・主効果・交互作用効果）

SC 条件	EAP	p sd.	2.5%	5%	50%	95%	97.5%	d
全平均	3.64	0.05	3.54	3.55	3.64	3.73	3.75	—
事前選択効果	0.10	0.05	−0.01	0.01	0.10	0.19	0.21	0.12
正負バランス効果	0.46	0.05	0.35	0.37	0.46	0.55	0.56	0.53
交互作用効果	0.05	0.05	−0.06	−0.04	0.05	0.14	0.16	0.07
PR 条件	EAP	p sd.	2.5%	5%	50%	95%	97.5%	d
全平均	3.42	0.05	3.32	3.33	3.42	3.51	3.53	—
事前選択効果	0.02	0.06	−0.09	−0.07	0.02	0.11	0.12	0.05
正負バランス効果	0.47	0.06	0.36	0.38	0.47	0.56	0.57	0.53
交互作用効果	0.16	0.05	0.05	0.07	0.16	0.25	0.27	0.18

（注）アミ掛けの部分は 95% 確信区間に 0 を含んでいない効果。

表 4-9：仮説 3 の検証（事前選択なし／ありの利用意向の平均値の差）

	平均値の差		各確率点における差の推定値					効果量
	EAP	p sd.	2.5%	5%	50%	95%	97.5%	d
①と③（SC 条件／4:4）	0.10	0.15	−0.20	−0.15	0.10	0.35	0.40	0.11
②と④（SC 条件／8:0）	0.30	0.18	−0.00	0.05	0.30	0.55	0.60	0.35
⑤と⑦（PR 条件／4:4）	−0.29	0.16	−0.59	−0.54	−0.29	−0.04	0.01	0.33
⑥と⑧（PR 条件／8:0）	0.35	0.15	0.05	0.10	0.35	0.61	0.66	0.41

（注）　アミ掛けの部分は 95% 確信区間に 0 を含んでいないもの。

を含んでいるのに対して，正負バランスの主効果は 95% 確信区間に 0 を含んでいない。また正負バランスの効果量（d）は 0.53 と中程度の大きさを示している。したがって SC 条件では，正負バランスの主効果のみが存在すると解釈できる。

　下段の PR 条件を見ると，事前選択の主効果は 95% 確信区間に 0 を含んでいるのに対して，正負バランスの主効果と交互作用効果はいずれも 95% 確信区間に 0 を含んでいない。したがって SC 条件では，正負バランスの主効果と交互作用効果が存在すると解釈できる。ただし正負バランス効果の効果量（d）が 0.53 と中程度であるのに対して，交互作用効果の効果量（d）は 0.18 と小さなものであった。

　次に「方法 2」による単純主効果の確認を行う。満足度の検証と同様に 8 つの条件（①〜⑧：前掲の図 4-5 参照）について，プラットフォームと正負バランスが同条件の「事前選択なし」と「事前選択あり」の利用意向の差を確認した。この結果，表 4-9 に示したように，PR 条件／8:0 条件においてだけ（⑥と⑧），事前選択なしと事前選択ありの利用意向の差が 95% 確信区間に 0 を含んでいなかった。したがって PR 条件／8:0 条件においてのみ，事前選択ありと比べて事前選択なしの方が，利用意向が低いことが確認できた。なお⑥と⑧の差の効果量（d）は 0.41 と中程度の値を示していた。

❖ 分析結果のまとめ

　仮説 3 の検証では，従属変数を満足としたときも利用意向としたときも，同様の結果が得られた。すなわち「方法 1」では PR 条件においてのみ，事前選択行動と正負バランスの交互作用効果の存在が確認された。また「方法 2」では，PR 条件／8:0 条件においてだけ，事前選択ありよりも事前選択なしの方が，

第 4 章　消費者は良いクチコミをどう疑うか　95

満足および利用意向が低いことが確認できた。以上から，疑念効果について指摘した仮説3「プロモーショナル型プラットフォームにおいて，事前にブランド選択が行われていない状況で，正の比率の高いクチコミ集合に接した場合，受信者のブランドの評価は低下する」は支持された。

4-2-3. 追加分析

　ここまで仮説1〜3について検証を行い，正負バランス効果，プラットフォーム効果，疑念効果の存在を確認した。しかしその一方で，疑念効果の大きさはまだ明らかになっていない。疑念効果について，その存在を確認するだけでなく，強度を知ることは意義のあることである。

　そこで本節では「方法1」および「方法2」に加えて，プラットフォーム条件および事前選択条件が同じときに，正負バランスの違い（4:4と8:0）によって，従属変数にどの程度の違いが生じるかについて追加的な分析を行うことにする。これは仮説を検証するための分析ではなく，疑念効果の実態を知るための探索的な分析である。具体的には，前掲の図4-4における①と②，③と④，⑤と⑥，⑦と⑧の差を確認することになる。

　本書ではこの分析について，次のような考えを持っている。まず正負バランス効果の存在を考慮すると，いずれの間にも差が生じている（4:4条件よりも8:0条件の方が大きい）ことが予想される。しかし疑念効果が強力なものであれば，⑤と⑥の間には差が生じていない（あるいは4:4条件の方が8:0条件の方よりも大きい）可能性も考えられる。

◈ 分析結果

　分析の結果は表4-10に示したとおりである。いずれにおいても，4:4条件と8:0条件の差の推定値が正の値を示しており（つまり4:4条件よりも8:0条件の方が大きい），また95％確信区間に0を含んでいないことから両者の間に差が生じていることが確認された。したがって，上述した「疑念効果が強力なものであれば，⑤と⑥の間には差が生じていない可能性もある」という考えは否定された。この点に着目してEPAを見ると，満足および利用意向ともに⑤と⑥の差がもっとも小さく，PR／事前選択あり条件において疑念効果が生じている

表 4-10：追加分析の結果（4:4／8:0 の満足・利用意向の平均値の差）

満 足	平均値の差		各確率点における差の推定値					効果量
	EAP	p sd.	2.5%	5%	50%	95%	97.5%	d
①と②（SC 条件／なし）	0.83	0.12	0.60	0.64	0.83	1.02	1.06	1.24
③と④（SC 条件／あり）	0.88	0.12	0.65	0.69	0.88	1.08	1.12	1.32
⑤と⑥（PR 条件／なし）	0.63	0.13	0.37	0.42	0.63	0.84	0.88	0.86
⑦と⑧（PR 条件／あり）	1.12	0.13	0.87	0.91	1.12	1.33	1.37	1.53

利用意向	平均値の差		各確率点における差の推定値					効果量
	EAP	p sd.	2.5%	5%	50%	95%	97.5%	d
①と②（SC 条件／なし）	0.82	0.15	0.52	0.57	0.82	1.07	1.12	0.95
③と④（SC 条件／あり）	1.02	0.15	0.72	0.77	1.02	1.27	1.32	1.18
⑤と⑥（PR 条件／なし）	0.61	0.16	0.30	0.35	0.61	0.86	0.91	0.70
⑦と⑧（PR 条件／あり）	1.25	0.15	0.95	1.00	1.25	1.51	1.56	1.43

（注）　アミ掛けの部分は 95% 確信区間に 0 を含んでいないもの。

ことがわかるが，その大きさは正負バランス効果を相殺するほど大きなものではないことが明らかになった。

第 4 章のまとめ

　本章では，正負バランス効果（仮説 1），プラットフォーム効果（仮説 2），疑念効果（仮説 3）の存在について検証を行った。この結果，いずれの効果の存在も統計的に確認することができた。すなわち正のクチコミが多くなるほど，またクチコミがプロモーショナル型プラットフォームよりもソーシャル型プラットフォームに掲載されるほど，ブランドの評価は高くなることが明らかになった。さらにプロモーショナル型プラットフォームにおいて肯定的なクチコミばかりに接した場合，事前にブランド選択行動を経験していない者のブランド評価は相対的に低いものとなるという，疑念効果の存在も明らかになった。ただし疑念効果の強さは，正負バランス効果を相殺するほどではなかった。

　これら 3 つの仮説のうち，正負バランス効果とプラットフォーム効果はこれまでにも既存研究で指摘され，確認されてきたものである。これに対して，疑念効果は本書において提示された新しい考え方であり，さらに検討を深める価値があると考えられる。たとえば疑念効果は，誰にも同じように生じるのであろうか。情報の内容について疑念を抱く程度が，人によって異なると考えるこ

とは自然なことである。そこで次章では「疑念効果が生じやすいのは誰か」という リサーチ・クエスチョンを設定し，この問題に探索的に取り組むことにする。

第5章

良いクチコミを疑うのは誰か
──消費者特性の影響──

はじめに

　第4章では本書の中心となる3つの仮説，すなわち正負バランス効果，プラットフォーム効果，疑念効果について検証を行い，妥当性を確認した。つづく本章では，これら3つの仮説のうち，本書において提示された新しい考え方である「疑念効果」について，さらに検討を進めていくことにする。

　本章の根底にあるのは，「疑念効果は，誰にも同じように生じるのであろうか」という問題意識である。第4章の最後でも指摘したように，情報の内容について疑念を抱く程度が人によって異なるとすれば，疑念効果が生じやすい人と，そうでない人が存在する可能性がある。こうした問題意識にもとづき，本章では「疑念効果が生じやすいのは誰か」という問題について検討を進めていくことにする。

5-1. 議論の焦点

　上に述べたように，本章では「疑念効果が生じやすいのは誰か」という問題について，探索的な検討を行う。具体的にはクチコミ閲覧者の「教育程度」に着目し，その高低が疑念効果におよぼす影響（調整効果）について検討していく。以下では，疑念効果の調整変数として教育程度に着目した理由について説

99

明する。

5-1-1. 教育程度に着目する理由

　疑念効果は，（マーケターが内容を操作しやすい）プロモーショナル型プラットフォームにおいて肯定的なクチコミばかりに接する状況下で，事前のブランド選択行動が行われていないときに生じるものであった。そしてその背後には，肯定的なクチコミの多さを企業の商業的動機づけに帰属させることで，情報にバイアスが生じていると知覚し，内容を疑うという心理メカニズムが存在すると考えた。

　第2章では，このような心理メカニズムが生じる背景として，片面提示による情報源の信憑性の低下を指摘した。これは，肯定的なクチコミしか存在しない片面提示的状況では，肯定的および否定的なクチコミが混在している両面提示的状況と比べて企業の商業的意図を感じやすくなり，プラットフォームに対する信用性が低下することから，ブランドに対する評価も低くなるという考えであった。

　これらの考えにもとづくと，疑念効果は片面提示的状況において情報内容にバイアスが存在していると知覚し，その内容を疑う傾向が強い人にとくに発生しやすいといえるであろう。第2章ではこのような傾向が生じやすい条件として，①説得的コミュニケーションの受信者が説得方向とは反対の立場であるとき，②受信者の教育程度や知的水準が高いとき，③受信者が説得話題に関する知識をたくさん持っているときをあげたが，本章ではマーケティング活動と親和性の高いデモグラフィックス特性であるという点から，②受信者の教育程度に着目する。

　以上のような理由から，本章では「疑念効果は教育程度が相対的に高い人ほど生じやすい」と考え，これを確認することにする。

5-2. 「教育程度」の影響の分析

5-2-1. 分析の方法

　本書では，最終学歴が大学以上（大学院卒・大学卒）を相対的に教育程度が高いクラスター，大学未満（短期大学卒・高等専門学校卒・専門学校卒・高等学校卒・中学校卒）を相対的に教育程度が低いクラスターとして分析を行うことにした。分析対象としたサンプル・サイズは大学以上クラスターが301名であり，大学未満クラスターは169名であった（Appendix-4i参照）。なおこの分類は，分析に用いる2つのクラスターのサンプル・サイズがもっとも等しくなるように行われたものであり，大学以上・未満という基準にとくに意味はない。

　疑念効果の確認には，第4章と同じ2つの方法を用いることにした。推定に用いたソフトウェアならびにパラメーター設定も，第4章と同じである。以上の条件でベイズ推定を行い，Rhat＜1.1であることと，トレース・プロットに非定常性が見られなかったことをもって収束を確認し，分析結果の解釈を行った。

5-2-2. 分析結果

❖ 満足に対する影響

　はじめに満足に対する影響について検討する。まず第4章で示した「方法1」による交互作用効果の確認を行う。8つの条件（①〜⑧）の平均値（EAP）は図5-1および表5-1に示したとおりである。グラフを見ると大学以上クラスターにおけるPR条件（右上のグラフ）においてのみ，事前選択「なし」と「あり」の線が交差しており，交互作用の存在がうかがえる。

　各要因の主効果ならびに交互作用効果は表5-2に示したとおりである。疑念効果と深い関連性のある交互作用効果に着目すると，大学以上クラスターにおけるPR条件においてのみ，95％確信区間に0が含まれていない。したがって従属変数を満足とした場合の交互作用効果は，大学以上クラスターにおける

第5章　良いクチコミを疑うのは誰か　101

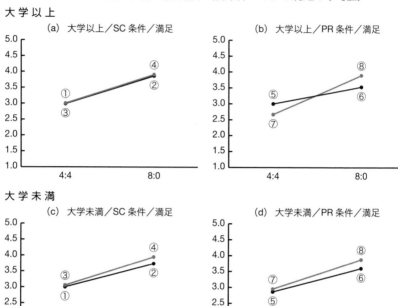

図 5-1：教育程度別の分析結果（各条件における満足の平均値）

表 5-1：教育程度別の分析結果（各条件における満足の平均値）

大学以上	SC 条件		PR 条件	
	4:4	8:0	4:4	8:0
事前選択なし	① 3.00	② 3.88	⑤ 3.00	⑥ 3.53
事前選択あり	③ 3.00	④ 3.90	⑦ 2.67	⑧ 3.88

大学未満	SC 条件		PR 条件	
	4:4	8:0	4:4	8:0
事前選択なし	① 3.00	② 3.74	⑤ 2.86	⑥ 3.60
事前選択あり	③ 3.06	④ 3.95	⑦ 2.95	⑧ 3.88

表 5-2：教育程度別の分析結果
（従属変数を満足とした全体の平均値・主効果・交互作用効果）

大学以上

SC 条件	EAP	p sd.	2.5%	5%	50%	95%	97.5%	d
全平均	3.44	0.05	3.35	3.37	3.44	3.52	3.54	—
事前選択効果	0.01	0.05	−0.09	−0.07	0.01	0.09	0.10	0.06
正負バランス効果	0.45	0.05	0.35	0.37	0.45	0.52	0.54	0.71
交互作用効果	0.01	0.05	−0.09	−0.07	0.01	0.09	0.10	0.06

PR 条件	EAP	p sd.	2.5%	5%	50%	95%	97.5%	d
全平均	3.27	0.06	3.16	3.17	3.27	3.37	3.39	—
事前選択効果	0.01	0.06	−0.11	−0.09	0.01	0.10	0.12	0.06
正負バランス効果	0.44	0.06	0.32	0.34	0.44	0.53	0.55	0.60
交互作用効果	0.17	0.06	0.06	0.08	0.17	0.27	0.29	0.24

大学未満

SC 条件	EAP	p sd.	2.5%	5%	50%	95%	97.5%	d
全平均	3.44	0.08	3.27	3.30	3.44	3.57	3.60	—
事前選択効果	0.07	0.08	−0.10	−0.07	0.07	0.21	0.23	0.11
正負バランス効果	0.41	0.08	0.24	0.27	0.41	0.55	0.57	0.53
交互作用効果	0.04	0.08	−0.13	−0.10	0.04	0.18	0.21	0.10

PR 条件	EAP	p sd.	2.5%	5%	50%	95%	97.5%	d
全平均	3.32	0.08	3.17	3.19	3.32	3.45	3.48	—
事前選択効果	0.09	0.08	−0.06	−0.04	0.09	0.22	0.25	0.14
正負バランス効果	0.42	0.08	0.27	0.29	0.42	0.55	0.57	0.56
交互作用効果	0.05	0.08	−0.11	−0.08	0.05	0.18	0.20	0.10

（注）　アミ掛けの部分は 95% 確信区間に 0 を含んでいない効果。

表 5-3：教育程度別の分析結果（事前選択なし／ありの満足の平均値の差）

大学以上	平均値の差		各確率点における差の推定値					効果量
	EAP	p sd.	2.5%	5%	50%	95%	97.5%	d
①と③（SC 条件／4:4）	0.00	0.14	−0.27	−0.23	0.00	0.23	0.27	0.00
②と④（SC 条件／8:0）	0.03	0.13	−0.23	−0.19	0.03	0.24	0.29	0.04
⑤と⑦（PR 条件／4:4）	−0.33	0.17	−0.67	−0.61	−0.33	−0.06	−0.00	0.46
⑥と⑧（PR 条件／8:0）	0.35	0.16	0.04	0.09	0.35	0.62	0.67	0.49

大学未満	平均値の差		各確率点における差の推定値					効果量
	EAP	p sd.	2.5%	5%	50%	95%	97.5%	d
①と③（SC 条件／4:4）	0.06	0.24	−0.41	−0.33	0.06	0.44	0.52	0.07
②と④（SC 条件／8:0）	0.21	0.24	−0.26	−0.18	0.21	0.61	0.69	0.27
⑤と⑦（PR 条件／4:4）	0.09	0.21	−0.32	−0.26	0.09	0.44	0.51	0.12
⑥と⑧（PR 条件／8:0）	0.28	0.23	−0.17	−0.09	0.28	0.66	0.73	0.37

（注）　アミ掛けの部分は 95% 確信区間に 0 を含んでいないもの。

第 5 章　良いクチコミを疑うのは誰か

表5-4：追加分析の結果（4:4／8:0 の満足の平均値の差）

大学以上	平均値の差		各確率点における差の推定値					効果量
	EAP	p sd.	2.5%	5%	50%	95%	97.5%	d
①と②（SC 条件／なし）	0.88	0.14	0.61	0.65	0.88	1.10	1.15	1.41
③と④（SC 条件／あり）	0.90	0.14	0.64	0.68	0.90	1.12	1.17	1.45
⑤と⑥（PR 条件／なし）	0.53	0.17	0.19	0.24	0.53	0.82	0.87	0.73
⑦と⑧（PR 条件／あり）	1.22	0.15	0.92	0.97	1.22	1.47	1.52	1.68

大学未満	平均値の差		各確率点における差の推定値					効果量
	EAP	p sd.	2.5%	5%	50%	95%	97.5%	d
①と②（SC 条件／なし）	0.74	0.23	0.28	0.36	0.74	1.12	1.19	0.96
③と④（SC 条件／あり）	0.89	0.24	0.41	0.49	0.89	1.29	1.37	1.16
⑤と⑥（PR 条件／なし）	0.74	0.20	0.35	0.41	0.75	1.07	1.14	0.99
⑦と⑧（PR 条件／あり）	0.93	0.24	0.46	0.54	0.93	1.32	1.40	1.23

（注）アミ掛けの部分は 95% 確信区間に 0 を含んでいないもの。

PR 条件においてのみ存在すると解釈できる。ただし効果量（d）は 0.24 と小さな値であった。

　次に第 4 章で示した「方法 2」による単純主効果の確認を行う。表 5-3 に示したように，大学以上と大学未満ごとに，8 つの条件（①～⑧）について，プラットフォームと正負バランスが同条件である「事前選択なし」と「事前選択あり」の満足度の差を確認した。この結果，大学以上クラスターの PR 条件／4:4 条件（⑤と⑦）と PR 条件／8:0 条件（⑥と⑧）において，事前選択なしと事前選択ありの満足度の差が 95% 確信区間に 0 を含んでいなかった。ただし PR 条件／4:4 条件（⑤と⑦）では，⑤事前選択なしよりも⑦事前選択ありの方が満足度が低く，逆に PR 条件／8:0 条件では（⑥と⑧），⑥事前選択なしよりも⑧事前選択ありの方が満足度が高かった。また PR 条件／4:4 条件（⑤と⑦）における差の効果量（d）は 0.46 であり，PR 条件／8:0 条件（⑥と⑧）では 0.49 であった。

　さらに追加分析として第 4 章 2 節（4-2-3）と同じように，プラットフォーム条件および事前選択条件が同じ場合の，正負バランスの違い（4:4 と 8:0）による従属変数の差（①と②，③と④，⑤と⑥，⑦と⑧の差）について調べてみた（表 5-4）。この結果，いずれの間にも，差が生じていることが明らかになった。疑念効果が想定される「PR 条件／事前選択なし」に着目すると，大学以上クラスターにおける⑤と⑥の差の推定値は 0.53 であり，95% 確信区間は 0.19～0.87 であった。95% 確信区間に 0 を含んでいないことから，大学以上クラス

ターにおいて⑤と⑥の間に差が生じていることが明らかになった。また，大学未満クラスターでは，⑤と⑥の差の推定値は 0.74 であり，95% 確信区間は 0.35〜1.14 であった。95% 確信区間に 0 を含んでいないことから，大学未満クラスターでも⑤と⑥の間に差が生じていることが明らかになった。

❖ 利用意向に対する影響

満足につづいて，利用意向に対する影響について検討する。まず「方法1」による交互作用効果の確認を行う。8 つの条件（①〜⑧）の平均値（EAP）は図 5-2 および表 5-5 に示したとおりである。図 5-2 を見ると大学以上クラスターにおける PR 条件（b）においてだけ，事前選択「なし」と「あり」の線が交差しており，交互作用の存在がうかがえる。

各要因の主効果ならびに交互作用効果は表 5-6 に示したとおりである。疑念効果と深い関連性のある交互作用効果に着目すると，大学以上クラスターにおける PR 条件においてのみ 95% 確信区間に 0 が含まれていない。したがって従属変数を利用意向とした場合の交互作用効果は，大学以上クラスターにおける PR 条件においてのみ存在すると解釈できる。ただし効果量（d）は 0.29 と比較的小さな値であった。

次に「方法2」による単純主効果の確認を行う。表 5-7 に示したように，大学以上と大学未満ごとに，8 つの条件（①〜⑧）について，プラットフォームと正負バランスが同条件の「事前選択なし」と「事前選択あり」の利用意向の差を確認した。この結果，大学以上クラスターの PR 条件／4:4 条件（⑤と⑦）と PR 条件／8:0 条件（⑥と⑧）において，事前選択なしと事前選択ありの利用意向の差が 95% 確信区間に 0 を含んでいなかった。ただし PR 条件／4:4 条件（⑤と⑦）では，⑤事前選択なしよりも⑦事前選択ありの方が利用意向が低く，逆に PR 条件／8:0 条件では（⑥と⑧），⑥事前選択なしよりも⑧事前選択ありの方が利用意向が高かった。また PR 条件／4:4 条件（⑤と⑦）における差の効果量（d）は 0.66 であり，PR 条件／8:0 条件（⑥と⑧）では 0.49 であった。

さらに追加分析として，プラットフォーム条件および事前選択の有無が同じ場合の，正負バランスの違い（4:4 と 8:0）による従属変数の差（①と②，③と④，⑤と⑥，⑦と⑧の差）について調べてみた（表 5-8）。この結果，大学以上クラスターの⑤と⑥の間を除き，差が生じていることが明らかになった。

第 5 章　良いクチコミを疑うのは誰か 105

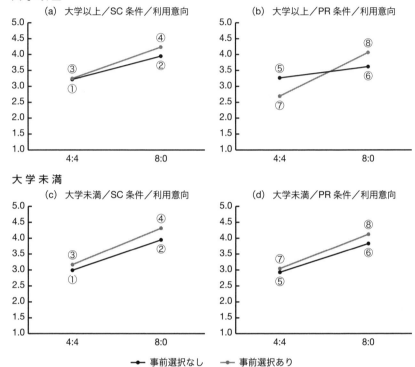

図 5-2：教育程度別の分析結果（各条件における利用意向の平均値）

表 5-5：教育程度別の分析結果（各条件における利用意向の平均値）

大学以上	SC 条件		PR 条件	
	4:4	8:0	4:4	8:0
事前選択なし	① 3.22	② 3.95	⑤ 3.27	⑥ 3.62
事前選択あり	③ 3.24	④ 4.22	⑦ 2.69	⑧ 4.05

大学未満	SC 条件		PR 条件	
	4:4	8:0	4:4	8:0
事前選択なし	① 3.00	② 3.95	⑤ 2.93	⑥ 3.84
事前選択あり	③ 3.17	④ 4.32	⑦ 3.05	⑧ 4.12

表 5–6：教育程度別の分析結果
（従属変数を利用意向とした全体の平均値・主効果・交互作用効果）

大学以上

SC 条件	EAP	p sd.	2.5%	5%	50%	95%	97.5%	d
全平均	3.66	0.07	3.53	3.55	3.66	3.76	3.78	—
事前選択効果	0.07	0.06	−0.05	−0.03	0.07	0.18	0.20	0.10
正負バランス効果	0.43	0.06	0.30	0.32	0.43	0.53	0.55	0.51
交互作用効果	0.06	0.06	−0.07	−0.05	0.06	0.17	0.19	0.09
PR 条件	EAP	p sd.	2.5%	5%	50%	95%	97.5%	d
全平均	3.41	0.07	3.27	3.29	3.41	3.52	3.54	—
事前選択効果	−0.04	0.07	−0.17	−0.15	−0.04	0.08	0.10	0.07
正負バランス効果	0.43	0.07	0.29	0.31	0.43	0.54	0.56	0.49
交互作用効果	0.25	0.07	0.11	0.14	0.25	0.37	0.39	0.29

大学未満

SC 条件	EAP	p sd.	2.5%	5%	50%	95%	97.5%	d
全平均	3.61	0.10	3.41	3.44	3.61	3.78	3.81	—
事前選択効果	0.13	0.10	−0.07	−0.04	0.13	0.30	0.34	0.15
正負バランス効果	0.52	0.10	0.32	0.36	0.52	0.69	0.73	0.56
交互作用効果	0.05	0.10	−0.15	−0.12	0.05	0.22	0.25	0.10
PR 条件	EAP	p sd.	2.5%	5%	50%	95%	97.5%	d
全平均	3.48	0.09	3.31	3.33	3.48	3.63	3.66	—
事前選択効果	0.10	0.09	−0.08	−0.05	0.10	0.25	0.28	0.13
正負バランス効果	0.50	0.09	0.31	0.35	0.50	0.65	0.67	0.56
交互作用効果	0.04	0.09	−0.14	−0.11	0.04	0.19	0.22	0.09

（注）　アミ掛けの部分は 95% 確信区間に 0 を含んでいない効果。

表 5–7：教育程度別の分析結果（事前選択なし／ありの利用意向の平均値の差）

大学以上	平均値の差		各確率点における差の推定値					効果量
	EAP	p sd.	2.5%	5%	50%	95%	97.5%	d
①と③（SC 条件／4:4）	0.03	0.19	−0.34	−0.28	0.03	0.33	0.39	0.03
②と④（SC 条件／8:0）	0.27	0.18	−0.08	−0.03	0.27	0.56	0.62	0.32
⑤と⑦（PR 条件／4:4）	−0.58	0.20	−0.98	−0.91	−0.57	−0.24	−0.18	0.66
⑥と⑧（PR 条件／8:0）	0.43	0.19	0.05	0.11	0.43	0.75	0.81	0.49
大学未満	平均値の差		各確率点における差の推定値					効果量
	EAP	p sd.	2.5%	5%	50%	95%	97.5%	d
①と③（SC 条件／4:4）	0.17	0.29	−0.40	−0.30	0.17	0.63	0.73	0.18
②と④（SC 条件／8:0）	0.37	0.29	−0.21	−0.11	0.37	0.85	0.95	0.39
⑤と⑦（PR 条件／4:4）	0.12	0.25	−0.37	−0.29	0.12	0.53	0.61	0.14
⑥と⑧（PR 条件／8:0）	0.28	0.27	−0.25	−0.16	0.28	0.72	0.80	0.31

（注）　アミ掛けの部分は 95% 確信区間に 0 を含んでいないもの。

表5-8：追加分析の結果（4:4／8:0の利用意向の平均値の差）

大学以上	平均値の差		各確率点における差の推定値					効果量
	EAP	p sd.	2.5%	5%	50%	95%	97.5%	d
①と② （SC条件／なし）	0.73	0.18	0.37	0.44	0.74	1.03	1.09	0.88
③と④ （SC条件／あり）	0.98	0.18	0.62	0.68	0.98	1.28	1.33	1.17
⑤と⑥ （PR条件／なし）	0.35	0.21	−0.06	0.01	0.35	0.69	0.76	0.40
⑦と⑧ （PR条件／あり）	1.35	0.19	0.99	1.05	1.35	1.66	1.72	1.56

大学未満	平均値の差		各確率点における差の推定値					効果量
	EAP	p sd.	2.5%	5%	50%	95%	97.5%	d
①と② （SC条件／なし）	0.95	0.28	0.39	0.48	0.95	1.41	1.51	1.00
③と④ （SC条件／あり）	1.15	0.30	0.56	0.66	1.15	1.64	1.74	1.22
⑤と⑥ （PR条件／なし）	0.91	0.24	0.45	0.53	0.91	1.30	1.37	1.03
⑦と⑧ （PR条件／あり）	1.07	0.28	0.52	0.61	1.07	1.53	1.62	1.21

（注）　アミ掛けの部分は95%確信区間に0を含んでいないもの。

　疑念効果が想定される「PR条件／事前選択なし」に着目すると，大学以上クラスターにおける⑤と⑥の差の推定値は0.35であり，95%確信区間は−0.06〜0.76であった。95%確信区間に0を含んでいることから，大学以上クラスターでは⑤と⑥の間には差が生じているとはいえないことが明らかになった。他方，大学未満クラスターでは，⑤と⑥の差の推定値は0.91であり，95%確信区間は0.45〜1.37であった。95%確信区間に0を含んでいないことから，大学未満クラスターでは⑤と⑥の間に差が生じていることが明らかになった。

❖ 分析結果のまとめ

　「教育程度」の影響の分析では，従属変数を満足としたときも利用意向としたときも，同様の結果が得られた。すなわち「方法1」では大学以上クラスターにおけるPR条件においてのみ，交互作用効果の存在が確認された。また「方法2」では大学以上クラスターのPR条件／4:4条件（⑤と⑦）において，⑤事前選択なしよりも⑦事前選択ありの方が満足および利用意向が低いことと，PR条件／8:0条件（⑥と⑧）において，⑥事前選択なしよりも⑧事前選択ありの方が満足および利用意向が高いことが確認された。

　大学以上クラスターにおいてのみ，PR条件／8:0条件において，事前選択なしの方が事前選択ありよりもブランド評価が低いことから，「疑念効果は教育程度が相対的に高い人ほど生じやすい」という考えの妥当性が支持されたと判

断できる。教育程度の違いによってこのような差が生じた理由について明らかにするには，さらなる調査や分析が必要であるが，現時点で考えうる可能性の1つとして，第2章3節（2-3-4）で示した2つ目の仮定が大学未満クラスターにおいて成立していなかったことがあげられる。つまり大学未満クラスターは「プロモーショナル型のプラットフォームは，できるだけ多くの利益を獲得するために，ブランドについてより多くの肯定的情報を提供する方向に動機づけられている人たちによって運営されている」と考える傾向が弱いという解釈である。

こうした結果に加えて，大学以上クラスターのPR条件／4:4条件では，事前選択なしよりも事前選択ありの方が満足度や利用意向が低くなるという，予想していなかった現象も確認された。この結果については，次節にてさらに検討することにする。

また追加分析の結果，大学以上クラスターのPR条件／事前選択なしでは，4:4条件と8:0条件の間で利用意向に差が確認できなかった（ただし満足度では差が確認できた）。この結果は，疑念効果は一部のクラスターにおいて，正負バランス効果を相殺するほど大きな力を発揮することを意味しており，きわめて重要であるといえるだろう。

5-3. 織り込み効果

前項の「分析結果のまとめ」で述べたように，大学以上クラスターのPR条件／4:4条件では，事前選択なしよりも事前選択ありの方が満足度や利用意向が低くなるという，予想していなかった現象が確認された。以下ではこの現象について，若干の検討を試みることにする。

5-3-1. 分析結果の再検討

上に述べた現象は，どのようにして発生したのであろうか。図5-1（b）および図5-2（b）において⑤と⑦の間に差が生じている理由には，SC条件と比較して，PR条件における事前選択なしの値が上昇していることと（①と比べ

第5章　良いクチコミを疑うのは誰か　109

て⑤が高くなっている），事前選択ありの値が低下していること（③と比べて⑦が低くなっている）が考えられる。

そこで，表5-1に示した大学以上クラスターの満足の平均値を再確認すると，①SC条件／4:4条件／事前選択なし（3.00）と⑤PR条件／4:4条件／事前選択なし（3.00）の間には差が確認できないのに対して（Δ=0.00, 95%CI [−0.31〜0.31]），③SC条件／4:4条件／事前選択あり（3.00）と⑦PR条件／4:4条件／事前選択あり（2.67）には差が確認できる（Δ=0.33, 95%CI [0.04〜0.62]）。

同様に，表5-5に示した大学以上クラスターの利用意向の平均値を再確認すると，①SC条件／4:4条件／事前選択なし（3.22）と⑤PR条件／4:4条件／事前選択なし（3.27）の間には差が確認できないのに対して（Δ=0.05, 95%CI [−0.34〜0.44]），③SC条件／4:4条件／事前選択あり（3.24）と⑦PR条件／4:4条件／事前選択あり（2.69）の間には差が確認できる（Δ=0.55, 95%CI [0.18〜0.92]）。

これらから大学以上クラスターのPR条件／4:4条件における差は，事前選択なしの値が上昇しているからではなく，事前選択ありの値が低下したことで生じたと考えられる。

5-3-2. 隠された情報の存在を織り込んだ態度修正

以下では，このような現象が生じた理由について解釈を行う。本書では確証バイアスという点から，事前に複数のブランドから好ましいと思うブランドを選ぶといった選択行動を経験した場合は，これに合致するようなクチコミ情報を選好すると仮定してきた。またそこから，プロモーショナル型プラットフォームにおいて正のクチコミ比率が高い場合でも，事前に選択したブランドに対しては割引効果が生じにくいと考えてきた。すなわち企業によるプロモーション意図の介入が疑われる状況でも，それを無視しようとする傾向が高まるであろうと主張してきた。

それでは，プロモーショナル型のプラットフォームにおいて，半分が否定的なクチコミ情報に触れた場合には，どのような心理的過程が生じるであろうか。確証バイアスが生じる背後には，認知的不協和を避けたい心理があるとされる（Frey 1981）。そして上述した状況では，事前のブランド選択（肯定的評価）と

クチコミ評価（否定的評価）の間に不協和が生じ，これを解消したいという心理が生じたと考えられる。このとき不協和を解消する方法には，そのブランドを選択した自己の判断を修正することと，他者のクチコミを無視することがありうるが，企業とは利害関係が薄いと思われる一般消費者の半数もが否定的な評価を示していることを考慮すると，後者ではなく前者を選択する方が自然だと考えられる。以上にもとづくと，プロモーショナル型のプラットフォームにおいて半分が否定的なクチコミ情報に触れた場合，事前のブランド評価が適切ではなかったと判断し，自己の判断をマイナス方向に修正する可能性は十分にあるだろう。

このマイナス方向への態度修正は，情報の隠蔽への懐疑によって増大されかねない。なぜなら上述した状況でクチコミ閲覧をした実験参加者らは，「（プロモーショナル型プラットフォームという）企業が自由に操作できる状況であるにもかかわらず，自分たちに都合の悪いクチコミが半分も提示されているのは，実際はもっと評価が低いからではないだろうか」という推察をすることが可能だからである。サイトに表示された否定的なクチコミは氷山の一角であり，本当は半数どころか大多数のクチコミが否定的なのではないだろうか，という推察である。

以上のような過程によって，実験参加者は，隠蔽されたと思われる否定的なクチコミの存在を織り込み，「実際は相当にひどいのだろう」という判断をしたうえで，これにあわせた態度修正を行うことになる。結果として満足度や購買意向は大幅に低下することになる。

5-3-3. 織り込み型態度修正の発生要件

ただし上述したような大幅な態度修正が生じる可能性は，すべての消費者において等しいわけではないだろう。なぜならば，メッセージの送り手の意図を推察し，隠された否定的クチコミの存在を想定し，これを織り込んだかたちで態度修正を行うという作業は，一定の情報処理コストを要する精緻なプロセスだからである。

ペティとカシオッポ（Petty and Cacioppo 1981,1986: Petty, Cacioppo, and Schumann 1983）の精緻化見込みモデルでは，説得的メッセージを受けた場合，動

機づけと能力が高いときにだけ，中心的ルートによる精緻な情報処理を行うと考える。彼らのモデルを本章における「教育程度」の影響の分析にあてはめると，事前にブランド選択をした大学卒以上クラスターの人は，より精緻な情報処理を行う可能性が高いと考えられる。なぜなら，まず事前にブランド選択をした場合，自己の判断の正当性を確認するために，他者のブランド評価（すなわちクチコミ）への関心が高くなる。つまり情報処理に動機づけられることになる。また当該クラスターの人々は，高度な教育を受けた人であること，あるいはそのような教育を受けるための選抜（入学試験など）を通過する能力を有していた人であることから，相対的に情報処理能力が高い場合が多いと考えられる。以上2点から，事前にブランド選択をした大学以上クラスターの人は，動機づけと能力という点で精緻な情報処理を行いやすい人たちであると仮定できる。

そして，このような情報を慎重に注意深く処理する人たちが，プロモーショナル型プラットフォームにおいて半分が否定的なクチコミ情報に触れると，上述したような判断を行う可能性が高くなると考えられる。すなわち隠された否定的クチコミの存在を織り込むことで，満足度や購買意向が，事前選択なし／4:4条件の場合よりもさらに低下する。

以上のような解釈から，精緻な情報処理が行われる場面で，プロモーショナル型プラットフォームに比較的多くの否定的クチコミが提示されることによって生じる，負の引き下げ効果の存在が見えてくる。本書ではこの効果を「織り込み効果」とよぶことにする。

なお本書において観察された現象は，より正確には「負の織り込み効果」といえるものであり，観察されていない肯定的クチコミの存在を織り込むことで，対象をより高く評価する「正の織り込み効果」も，何らかの条件下において発生しうると考えられる。

第5章のまとめ

本章では「疑念効果が生じやすいのは誰か」という問題について検討を行った。先行研究を参考にすると，疑念効果は片面提示的状況において情報内容にバイアスが存在していると知覚し，その内容を疑う傾向が強い人に発生しやす

いと考えられる。またこのような傾向を左右する要素はいくつかあるが，マーケティング活動と親和性の高いデモグラフィックス特性という点を加味すると，受信者の教育程度という変数があてはまる。そこで本章ではクチコミ閲覧者の教育程度（最終学歴）に着目し，その高低が疑念効果におよぼす影響（調整効果）について検討することにした。具体的には，対照される2つのクラスターのサンプル・サイズがもっとも等しくなるという点から，最終学歴が大学以上のクラスターと大学未満のクラスターを比較することにした。

　分析の結果，従属変数を満足としたときも利用意向としたときも，大学以上クラスターにおいてのみ疑念効果が確認された。すなわち，疑念効果は教育程度が相対的に高い人ほど生じやすい，という考えの妥当性が確認された。また追加分析の結果，大学以上クラスターのPR条件／事前選択なしでは，4:4条件と8:0条件の間で利用意向に差が確認できなかった。この結果は，疑念効果は一部のクラスターにおいて，正負バランス効果を相殺する大きな力を発揮することを意味しており，きわめて重要なものといえる。

　以上の結果に加えて，大学以上クラスターのPR条件／4:4条件では，事前選択なしよりも事前選択ありの方が満足度や利用意向が低くなるという，予想していなかった現象が確認された。追加分析の結果，この現象は，事前選択なしの値が上昇しているからではなく，事前選択ありの値が低下したためであることがわかった。

　本書ではこの現象について，実験参加者らが，「プロモーショナル型プラットフォームという企業が自由に操作できる状況であるにもかかわらず，自分たちに都合の悪いクチコミが半分も提示されているのは，実際はもっと評価が低いからではないだろうか」という推察をしたためではないかと考えた。つまり，サイトに表示された否定的なクチコミは氷山の一角であり，本当は半数どころか大多数のクチコミが否定的なのではないだろうか，と推察したという考えである。隠された否定的クチコミの存在を織り込むことで，満足度や購買意向が低下されるという効果であることから，本書ではこれを「織り込み効果」とよぶことにした。

第5章　良いクチコミを疑うのは誰か　113

第6章

疑念効果は
どうしたら抑制されるのか
──類似性の影響──

は じ め に

　第4章および第5章では，疑念効果の存在を確認するとともに，それがどういう条件で，誰に生じやすいかを検討してきた。つまり，疑念効果の発生について検討を行った。これに対して本章では，疑念効果はどうしたら抑制されるのかという視点から検討を行う。

　本章では，疑念効果を軽減する方法を探索するために4つの分析を行うことにする。以下では具体的な分析に先立ち，なぜ疑念効果の抑制について知ることが大切なのかについて説明し，つづいて疑念効果を軽減する方法を探索するための分析の流れを説明する。そして4つの分析を行い，クチコミの発信者と受信者の類似性（受信者の感じる発信者の類似性）が高い場合に，疑念効果が低減されることを明らかにしていく。

　なお第2章では，ラズウェルのモデルを参考にしつつ，本書の議論の枠組みを提示した。そしてそこでは，本書はクチコミの発信者の特性を中核的な議論には組み込んでいないものの，発信者と受信者の類似性という点からこの問題を取り上げるという説明をした。本章の議論は，この第2章の説明に対応するものでもある。

115

6-1. 議論の理由と分析の流れ

6-1-1. なぜ疑念効果の抑制について知ることが大切なのか

　はじめに，疑念効果の抑制を知ることの大切さについて検討する。疑念効果の抑制に着目することは，企業の観点からも消費者の観点からも重要である。
　企業の観点に立った場合，疑念効果の抑制方法を知ることで，プロモーショナル型プラットフォームのメリットを十分に活かすことが可能となる。第4章および第5章の分析で明らかなように，クチコミの効果を十分に得るには，正のクチコミ比率を高めること（肯定的なクチコミの割合を増やすこと）が効果的であり，この点においてプロモーショナル型プラットフォームはソーシャル型と比べて優位性を持っている。企業にとって正負バランスのコントロール可能性が高いからである。
　しかしその反面で，プロモーショナル型プラットフォームにおける正負バランスのコントロールにはジレンマが存在する。正負バランスを高めすぎると疑念効果が生じてしまい，クチコミの成果が十分に得られなくなるのである。したがって企業にとって，プロモーショナル型プラットフォームのメリットを十分に活かすためには，正のクチコミ比率を高めつつ疑念効果を抑制できる条件を発見することが重要となる。
　消費者の観点に立った場合は，この逆があてはまる。疑念効果が抑制される条件を理解することで，ネット・クチコミを信じやすくなってしまう場面に事前に備えやすくなる。言い換えれば，自らの情報処理のバイアスを知ることで，理性的な情報接触を行うことが可能となる。このような知識を持つことは，ネット・クチコミが普及した今日において，多くの消費者にとって非常に重要である。

6-1-2. 分析の流れ

　本章では，疑念効果はどのような場合に軽減されるかについて，4つの分析

を組み合わせながら，探索的に検討を進めていく。

✛ 分析1：「クチコミが参考になった程度」→「満足／利用意向」

　分析1は「疑念効果が生じる場面では，消費者はそのクチコミを『参考にならない』と感じているだろう」という素朴な仮定にもとづいている。これは，疑念効果が生じている場合，消費者はクチコミの内容の真偽を疑っているので，それに対して「参考にならない」と感じているだろうという考えである。

　もしこの仮定が正しければ，逆に「クチコミが参考になった」と感じているときは，疑念効果が生じにくいという考えを導くことができる。疑念効果が生じる場面であっても，（何らかの理由によって）クチコミの内容を疑わなければ，「クチコミが参考になった」と感じやすく，期待される満足や利用意向は下がりにくいというわけである。

　こうした仮定の背後には，「クチコミが参考になったという認識には，クチコミで主張されている内容が，満足度の予測や購買意向におよぼす影響を調整（moderate）する効果がある」という考えがある。そして本書は，この調整効果が疑念効果の生じる場面において顕著に生じると考えている。なぜなら疑念効果の生じる場面は相対的に見てクチコミの内容が疑わしい状況であるため，それを抑制する効果が発揮される余地も，より大きいと考えられるからである。

　以上にもとづくと「クチコミが参考になった程度」と，「満足」あるいは「利用意向」の関係は，疑念効果が生じる条件（PR条件／4:4条件／事前選択なし）において相対的に強くなることが想定できる。分析1ではこのことを確認するために，「クチコミが参考になった程度」と，「満足」あるいは「利用意向」の関係が8つの条件（前掲の第4章図4-1における①〜⑧）においてどのように変化するかを明らかにしていく。

✛ 分析2：「類似性の知覚」→「クチコミが参考になった程度」

　分析2では，どのような条件下で「クチコミが参考になった」と感じやすいかについて検討をする。あるクチコミのことを「参考になった」と感じる理由はきわめて多岐にわたるが，その1つとして「類似性の知覚」をあげることができる。

　第2章3節（2-3-2）でも述べたように，情報源との類似性がメッセージの

説得効果に影響をおよぼすことは，1960年代から指摘されている（e.g. McGuire 1969）。また類似性の影響は，オンラインのクチコミについても確認されている。たとえば澁谷（2011）は，オンラインのクチコミが果たすシミュレーションとしての役割についてさまざまな角度から検討し，クチコミの正負の程度が，消費者のブランド態度に影響をおよぼすとともに，そこにおいて発信者と受信者の間の類似性が重要な役割を果たしていることを確認している。

このことは，第2章2節（2-2-2）の議論とも整合するだろう。既述のように，クチコミが消費者の将来の購買経験に関するシミュレーションとしての役割を果たすとすれば，自分自身と類似している他者，つまり「彼自身の複製」（Bither and Wright 1977, p. 40）によるクチコミが理想的となるわけである。

なお澁谷（2013）も指摘するように類似性とは多義的な概念であるが，本書では発信者との類似性の知覚について，「あるクチコミの受信者が，そのクチコミの発信者について『自分と好みが類似している』と知覚している程度」と考えることにする。また，ここにおけるクチコミ発信者との好みの類似性とは「クチコミの発信者の好みと自己の好みに何らかの特徴が共有されている程度のこと」（cf. Aron et al. 2005）と考えることにする。

本書では，クチコミの発信者について「自身の好みと共通点がある」と感じるほどそのクチコミが参考になったと感じやすい，という考えのもとで，この程度が8つの条件（①〜⑧）においてどのように変化するかを探索的に検討していく。

❖ 分析3：「類似性の知覚」→「満足／利用意向」

分析3は，分析1と分析2を結びつけたものである。上述した議論から，疑念効果が生じる条件（PR条件／8:0条件／事前選択なし）では，「自分と好みが類似している人」のクチコミに接触したときに，「満足」あるいは「利用意向」が高くなりやすいということが想定される。そこで分析3では，類似性と満足／利用意向の関連性が8つの条件下（①〜⑧）においてどのように変化するかを探索的に検討していく。

❖ 分析4：「類似性の知覚」→「クチコミが参考になった程度」→「満足／利用意向」

分析4は分析3の延長線上にあるものである。ここでは「類似性の知覚」と

「満足／利用意向」の関係は必ずしも直接的なものでなく，「クチコミが参考になった程度」によって媒介されているという考えのもと，媒介分析を行うことにする。

6-2. 分析 1：「クチコミが参考になった程度」→ 「満足／利用意向」

6-2-1. 分析の方法

　分析 1 では「クチコミが参考になった程度」と，「満足」あるいは「利用意向」の関係が，プラットフォーム条件×事前選択×正負バランスによって区別される 8 つの条件（①〜⑧）においてどのように変化するかを明らかにしていくために，これらの相関係数を条件ごとに推定した。なおクチコミが参考になった程度には「これらのコメントは，スクール選びの参考になると思いますか？」という質問項目の回答（「とても参考になる」〜「まったく参考にならない」の 5 件法）を用いた（Appendix-4f）。

　推定に用いたソフトウェアならびにパラメーター設定は，第 4 章ならびに第 5 章と同じである。ベイズ推定を行い，Rhat＜1.1 であることとトレース・プロットに非定常性が見られなかったことをもって収束を確認し，分析結果の解釈を行った。

6-2-2. 分析結果

　分析の結果は表 6-1 に示したとおりである。95％ 確信区間が 0 を含んでいないことを基準とすると，相関関係が確認できた条件は「クチコミが参考になった程度」と「満足」の関係では④⑥⑧であり，「クチコミが参考になった程度」と「利用意向」の関係では②④⑥⑧であった。

　この分析結果において特筆すべきことは，疑念効果が生じる条件⑥（PR 条件／8:0／事前選択なし）において，相関係数が際立って大きいことである。条件⑥における，「満足」との相関係数は $r=.76$，「利用意向」との相関係数は $r=.72$ であった。

第 6 章　疑念効果はどうしたら抑制されるのか　119

表6-1：「クチコミが参考になった」と「満足／利用意向」の相関係数

(a) 「クチコミが参考になった」と「満足」の相関

事前選択なし

SC 条件		PR 条件	
① 4:4	② 8:0	⑤ 4:4	⑥ 8:0
−.24	.18	−.01	**.76**
(−.47〜.02)	(−.08〜.42)	(−.27〜.25)	(.63〜.85)

事前選択あり

SC 条件		PR 条件	
③ 4:4	④ 8:0	⑦ 4:4	⑧ 8:0
−.05	.37	−.25	.47
(−.31〜.22)	(.13〜.57)	(−.48〜.00)	(.25〜.65)

(b) 「クチコミが参考になった」と「利用意向」の相関

事前選択なし

SC 条件		PR 条件	
① 4:4	② 8:0	⑤ 4:4	⑥ 8:0
−.11	.37	.03	**.72**
(−.36〜.14)	(.13〜.58)	(−.23〜.29)	(.58〜.83)

事前選択あり

SC 条件		PR 条件	
③ 4:4	④ 8:0	⑦ 4:4	⑧ 8:0
10	.37	−.26	.46
(−.17〜.35)	(.13〜.57)	(−.49〜.00)	(.24〜.64)

上段：相関係数，下段：95% 確信区間

（注）　太字は .60 以上，アミ掛けの部分は確信区間が 0 を含んでいないもの。

　以上の結果から，疑念効果が生じる条件下では，「クチコミが参考になった」と感じることが満足や利用意向を高めることと深い関係にある，という解釈を導けるであろう。

6-3. 分析2：「類似性の知覚」→「クチコミが参考になった程度」

6-3-1. 分析の方法

　分析2では「類似性の知覚」と「クチコミが参考になった程度」の関係が，

120

表6-2：「類似性の知覚」と「クチコミが参考になった」の相関係数

事前選択なし

SC条件		PR条件	
① 4:4	② 8:0	⑤ 4:4	⑥ 8:0
.30	.40	.39	**.70**
(.05〜.52)	(.17〜.60)	(.15〜.59)	(.55〜.81)

事前選択あり

SC条件		PR条件	
③ 4:4	④ 8:0	⑦ 4:4	⑧ 8:0
.12	.42	.33	.51
(−.15〜.37)	(.19〜.61)	(.09〜.55)	(.30〜.68)

上段：相関係数，下段：95％確信区間
（注）　太字は.60以上，アミ掛けの部分は確信区間が0を含んでいないもの。

プラットフォーム条件×事前選択×正負バランスによって区別される8つの条件（①〜⑧）においてどのように変化するかを明らかにしていくために，これらの相関係数を条件ごとに推定した。なお類似性の知覚には「実際に受講した人たちの好みには，あなた自身の好みと共通点があると感じましたか？」という質問項目の回答（「とても共通点があった」〜「まったく共通点がなかった」の5件法）を用いた（Appendix-4f）。

　推定に用いたソフトウェアならびにパラメーター設定は，分析1と同じである。ベイズ推定を行い，Rhat＜1.1であることとトレース・プロットに非定常性が見られなかったことをもって収束を確認し，分析結果の解釈を行った。

6-3-2. 分析結果

　分析の結果は表6-2に示したとおりである。95％確信区間が0を含んでいないことを基準とすると，③を除くすべての条件で相関関係が確認できた。したがって，ある人を自分と似ていると感じると，その人が発信したクチコミを参考になったと感じやすい傾向は一般的なものといえそうである。

　しかしその反面で，分析1と同様に，ここでも疑念効果が生じる条件⑥（PR条件／8:0／事前選択なし）において相関係数がとくに大きい（$r=.70$）。このことから，類似性の知覚が，クチコミが参考になった程度におよぼす影響は，疑念効果が生じる環境下でとりわけ高まるということができるであろう。

第6章　疑念効果はどうしたら抑制されるのか　121

6-4. 分析3：「類似性の知覚」→「満足／利用意向」

6-4-1. 分析の方法

　第1節でも述べたように，分析3は分析1と分析2を結びつけたものであり，疑念効果が生じる条件（PR条件／8:0条件／事前選択なし）では，「自分と好みが類似している人」のクチコミに接触したときに，「満足」あるいは「利用意向」が高くなりやすいという考えを確認するためのものである。

　そこで分析3では，分析1と分析2で用いた変数を利用して，「類似性の知覚」と，「満足」あるいは「利用意向」の相関係数が8つの条件下（①〜⑧）でどのように変化するかを検討した。

　推定に用いたソフトウェアならびにパラメーター設定は，分析1および分析2と同じである。ベイズ推定を行い，Rhat＜1.1であることとトレース・プロットに非定常性が見られなかったことをもって収束を確認し，分析結果の解釈を行った。

6-4-2. 分析結果

　分析の結果は表6-3に示したとおりである。95％確信区間が0を含んでいないことを基準とすると，「満足」および「利用意向」いずれの関係でも，②④⑤⑥⑧の条件下において相関関係が確認できた。これらのうち⑤以外は，すべて正負バランスが8:0条件である。したがって一般的な傾向として，肯定的なクチコミばかりの状況では，クチコミ発信者に類似性を知覚することによって満足度や利用意向が高まりやすいことがうかがえる。

　このような一般的な傾向に加え，分析3においても疑念効果が生じる条件⑥（PR条件／8:0／事前選択なし）における相関係数の大きさが目立っている（類似性と満足 $r=.63$，類似性と利用意向 $r=.69$）。この結果から，類似性の知覚が満足や利用意向におよぼす影響は，疑念効果が生じる環境下でとりわけ高まる，という解釈が導けるであろう。

表6-3：「類似性の知覚」と「満足／利用意向」の相関係数

(a) 「類似性の知覚」と「満足」の相関

事前選択なし

SC 条件		PR 条件	
① 4:4	② 8:0	⑤ 4:4	⑥ 8:0
.10 (−.16〜.35)	.26 (.01〜.49)	.28 (.03〜.51)	**.63** (.46〜.77)

事前選択あり

SC 条件		PR 条件	
③ 4:4	④ 8:0	⑦ 4:4	⑧ 8:0
.12 (−.15〜.37)	.37 (.13〜.57)	.01 (−.25〜.27)	.38 (.14〜.58)

(b) 「類似性の知覚」と「利用意向」の相関

事前選択なし

SC 条件		PR 条件	
① 4:4	② 8:0	⑤ 4:4	⑥ 8:0
.12 (−.14〜.36)	.36 (.12〜.57)	.35 (.11〜.56)	**.69** (.54〜.81)

事前選択あり

SC 条件		PR 条件	
③ 4:4	④ 8:0	⑦ 4:4	⑧ 8:0
.17 (−.10〜.41)	.46 (.24〜.64)	.02 (−.24〜.27)	.45 (.23〜.64)

上段：相関係数，下段：95％確信区間
（注） 太字は .60 以上，アミ掛けの部分は確信区間が 0 を含んでいないもの。

6-5. 分析4：「類似性の知覚」→「クチコミが参考になった程度」→「満足／利用意向」

6-5-1. 分析の方法

　分析4では「類似性の知覚」を独立変数，「クチコミが参考になった程度」を媒介変数，「満足／利用意向」を従属変数と仮定して媒介分析を行った。具体的には「類似性の知覚」を独立変数とし「クチコミが参考になった程度」を従属変数とした単回帰分析と，「類似性の知覚」と「クチコミが参考になった

程度」を独立変数とし，「満足／利用意向」を従属変数とした重回帰分析を行い，これらの結果を組み合わせて解釈を行った（Baron and Kenny 1986; 村山 2009）。

推定に用いたソフトウェアならびにパラメーター設定は，分析 1〜3 と同じである。ベイズ推定を行い，Rhat＜1.1 であることとトレース・プロットに非定常性が見られなかったことをもって収束を確認し，分析結果の解釈を行った。

6-5-2. 分析結果

分析の結果は表 6-4 と図 6-1（満足），および表 6-5 と図 6-2（利用意向）に示したとおりである。はじめに満足に対する影響について検討し，つづいて利用意向に対する影響について検討する。

◈ 満足に対する影響

表 6-4 および図 6-1 から明らかなように，①〜⑧の各条件において変数間の影響関係がかなり異なっている。そこでまず「クチコミが参考になった程度」が正の媒介効果を発揮している条件を見つけだすことにした。「類似性の知覚→参考になった程度」と「参考になった程度→満足」の回帰係数（β）が，いずれも 95% 確信区間に 0 を含んでいない正の値であることを基準としたところ，⑥（PR 条件／8:0 条件／事前選択なし）と，⑧（PR 条件／8:0 条件／事前選択あり）において正の媒介効果が生じていた。

⑥と⑧のいずれも，「類似性の知覚」→「満足」の回帰係数が 95% 確信区間に 0 を含んでいることから，これらの間に直接的な影響関係を確認することはできない。したがって，⑥と⑧の条件では完全媒介モデルが成立していると考えられる。分析 3 では，表 6-3 のとおり⑥と⑧いずれの条件においても「類似性の知覚」と「満足」の間に相関関係が確認されていたが（⑥は $r=.63$，⑧は $r=.38$ だった），これらの関係は「クチコミが参考になった程度」を媒介して生じていたことになる。

さらに①〜⑧の各条件における満足に対する決定係数を見ると，⑥がとくに高い値を示しており（$R^2=.58$），それ以外の条件はいずれも比較的小さな値から中程度の値であった（$R^2=.05$〜$.25$）。したがって「類似性の知覚」が「満足」

表6-4：媒介分析の結果（満足）

条　件	事前	正　負		従属変数	独立変数	β	95% 確信区間	R^2
SC 条件	なし	4:4	①	参考	類似性	.30	.05〜.54	.09
				満足	類似	.19	−.08〜.45	.11
					参考	−.29	−.56〜−.03	
		8:0	②	参考	類似性	.40	.17〜.64	.16
				満足	類似	.23	−.05〜.51	.09
					参考	.09	−.19〜.37	
	あり	4:4	③	参考	類似性	.12	−.15〜.39	.03
				満足	類似	.13	−.15〜.40	.05
					参考	−.06	−.34〜.21	
		8:0	④	参考	類似性	.42	.19〜.66	.17
				満足	類似	.26	−.00〜.52	.19
					参考	.26	−.01〜.52	
PR 条件	なし	4:4	⑤	参考	類似性	.39	.15〜.63	.15
				満足	類似	.34	.06〜.62	.11
					参考	−.14	−.42〜.14	
		8:0	⑥	参考	類似性	.70	.51〜.89	.47
				満足	類似	.20	−.04〜.43	.58
					参考	.62	.39〜.86	
	あり	4:4	⑦	参考	類似性	.34	.10〜.58	.12
				満足	類似	.11	−.16〜.38	.09
					参考	−.29	−.56〜−.01	
		8:0	⑧	参考	類似性	.51	.29〜.73	.25
				満足	類似	.19	−.07〜.46	.25
					参考	.37	.11〜.64	

におよぼす影響は，疑念効果が生じる条件⑥（PR条件／8:0条件／事前選択な
し）において顕著であり，またこの効果は「クチコミが参考になった程度」を
媒介して生じることが明らかになった。

　なお表6-4および図6-1において，正負バランスが4:4の条件（①③⑤⑦）
では「クチコミが参考になった程度」が「満足」におよぼす影響が負となって
いるが，これは自然なことである。なぜなら「半数の人々が否定的なクチコミ
を発している」ことを「参考になった」と感じているということはブランドが
低評価であるという情報を獲得したことを意味しているからである。

第6章　疑念効果はどうしたら抑制されるのか　125

図6-1：媒介分析の結果（満足）

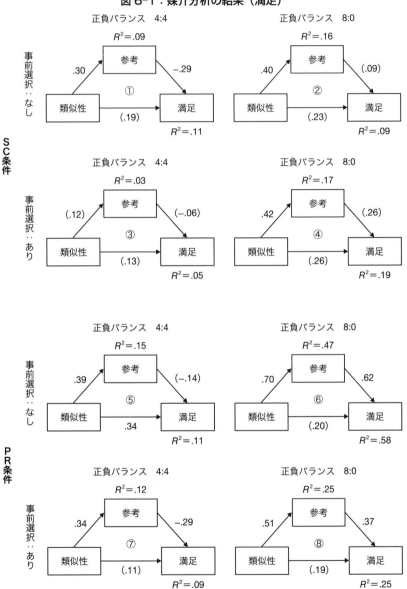

（注）　パス係数はいずれも標準化係数，（　）は95％確信区間が0を含んでいるもの．

表6-5：媒介分析の結果（利用意向）

条件	事前	正 負		従属変数	独立変数	β	95%確信区間	R^2
SC条件	なし	4:4	①	参考	類似性	.30	.05〜.54	.09
				利用意向	類似性	.17	−.10〜.44	.06
					参考	−.16	−.43〜.11	
		8:0	②	参考	類似性	.40	.17〜.64	.16
				利用意向	類似	.26	−.00〜.52	.20
					参考	.27	.01〜.53	
	あり	4:4	③	参考	類似性	.12	−.15〜.39	.03
				利用意向	類似	.16	−.12〜.43	.06
					参考	.08	−.20〜.35	
		8:0	④	参考	類似性	.42	.19〜.66	.17
				利用意向	類似	.37	.13〜.62	.25
					参考	.21	−.04〜.47	
PR条件	なし	4:4	⑤	参考	類似性	.39	.15〜.63	.15
				利用意向	類似	.40	.13〜.68	.15
					参考	−.12	−.40〜.15	
		8:0	⑥	参考	類似性	.70	.51〜.89	.47
				利用意向	類似	.37	.14〜.61	.57
					参考	.46	.22〜.70	
	あり	4:4	⑦	参考	類似性	.34	.10〜.58	.12
				利用意向	類似	.11	−.16〜.39	.10
					参考	−.30	−.57〜−.03	
		8:0	⑧	参考	類似性	.51	.29〜.73	.25
				利用意向	類似	.29	.03〜.55	.27
					参考	.31	.05〜.57	

❖ 利用意向に対する影響

　満足度に対する影響の分析と同様に，利用意向に対する影響の分析でも「クチコミが参考になった程度」が正の媒介効果を発揮している条件を見つけだすことにした。上述したものと同様の基準を用いたところ，②（SC条件／8:0条件／事前選択なし）と，⑥（PR条件／8:0条件／事前選択なし）と，⑧（PR条件／8:0条件／事前選択あり）の3条件において正の媒介効果が生じていた。

　これらのうち⑥と⑧では，「類似性の知覚」→「利用意向」の回帰係数の

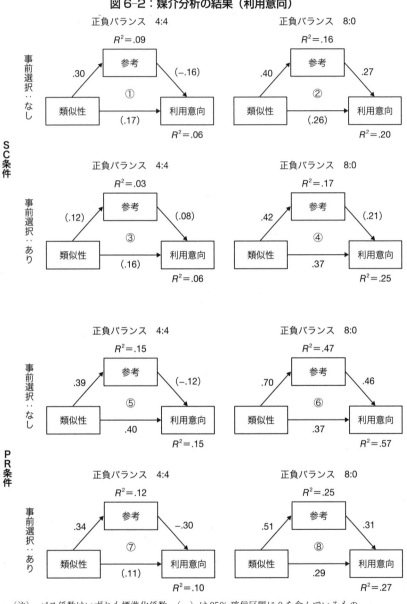

図6-2：媒介分析の結果（利用意向）

(注) パス係数はいずれも標準化係数，（ ）は95％確信区間に0を含んでいるもの．

95％確信区間に0が含まれていなかった。したがって条件⑥と条件⑧では，「利用意向」は「類似性の知覚」と「クチコミが参考になった程度」の双方から影響を受けており，部分媒介モデルが成立していることになる。

また⑥の場合は，利用意向に対しては類似性の知覚からの直接効果（.37）と，参考になる程度によって媒介される間接効果（.70×.46≒.32）が，ほぼ同程度であった。これに対して⑧の場合は，直接効果（.29）と比べて間接効果（.51×.31≒.16）は相対的に小さなものであった。

①～⑧の各条件における利用意向に対する決定係数を見ると，⑥がとくに高い値を示しており（R^2＝.57），それ以外の条件はいずれも比較的小さな値から中程度の値であった（R^2＝.06～.27）。したがって「類似性の知覚」が「利用意向」におよぼす影響は，疑念効果が生じる条件⑥（PR条件／8:0条件／事前選択なし）において顕著であり，またこの効果は部分的に「クチコミが参考になった程度」を媒介して生じることが明らかになった。

✪ 媒介分析のまとめ

以上の分析結果から，類似性の知覚は，疑念効果が生じる条件である⑥において，とくに強い影響力を持っていることが再確認できた。またそれは，満足に対しては主に「クチコミが参考になった程度」を媒介して生じ，利用意向に対しては「類似性の知覚」からの直接効果と，「クチコミが参考になった程度」を経由した媒介効果の組み合わせによって生じることが明らかになった。

第6章のまとめ

本章では疑念効果を抑制する重要性について指摘するとともに，その方法として，クチコミの発信者について「自分と好みが類似している」と知覚する程度を高めることが有効であることを示してきた。また類似性の知覚が満足や利用意向を高める過程において，「クチコミが参考になった」と感じる程度が重要な媒介変数となることも示してきた。

より詳細に述べれば，疑念効果がもっとも生じやすい「PR×8:0×事前のブランド選択行動なし」条件において，以下の4つの関係が顕著に見られた。

(1) 提示されたクチコミに対して「参考になった」と感じた者ほど，つまり
クチコミの有用性の知覚が高かった者ほど，満足度の予測（期待される満
足）と利用意向が高かった。

(2) クチコミの投稿者に対して知覚する類似性が高いほど，クチコミの有用
性を高く知覚した。

(3) クチコミの投稿者に対して高い類似性を知覚するほど，クチコミの有用
性を高く知覚し，これが満足度の予測の高さや，利用意向の高さにつなが
った。

(4) クチコミの投稿者に対して知覚する類似性の高さが利用意向におよぼす
影響には，上述したクチコミの有用性の知覚を媒介するルートだけでなく，
類似性から利用意向への直接的なルートも存在した。

第7章

社会と研究に
どのように活かせるか
──まとめとインプリケーション──

はじめに

　本章では，第6章までを振り返りつつ研究全体について議論を行うとともに，本書の内容が社会や研究にどう活かせるかについて検討する。第1節では，本書において提示した仮定，仮説，ならびに実験の分析結果について整理をする。つづく第2節では，これらを関連領域の研究伝統の中に位置づけることで，学術的理解を深める。第3節では企業の観点から実務的インプリケーションについて論じ，第4節では消費者保護の観点からインプリケーションとガイドラインを提示する。最後に第5節において，本書の限界と今後の課題について論じる。

7-1. 仮定・仮説・分析結果の整理

7-1-1. 仮定と仮説の整理

　はじめに本書で提示した議論の仮定と3つの仮説について整理する。本書では，第1章において議論の仮定を説明し，つづく第2章2節において正負バランス効果に関する仮説1を，第2章3節においてプラットフォーム効果に関する仮説2を，そして第2章5節において疑念効果に関する仮説3を提示した。

✪ 仮　　定

　本書では，クチコミに特化したソーシャル・プラットフォームの特徴として，インタレスト・グラフを仮定したものであること，ハブ型であること，タイプD（低い内容的相互依存性・高い主題特定性）のコミュニケーションであることを指摘した。そしてこうした特徴から，大多数のクチコミ・プラットフォームには「プラットフォームの中心性と行為者の分離性」と「情報操作の容易性」という2つの問題が存在し，これが運営主体に有利な情報伝達を可能とするという仮定を提示した。クチコミ・プラットフォームでは，プラットフォーマーが機会主義的行動をとることが容易だと仮定したわけである。

　もちろん機会主義的行動が実際に行われるかは，プラットフォーマーにそのような意思があるかに左右される。そこで本書ではプロモーショナル型とソーシャル型という違いに着目し，これが機会主義的行動への意思と強い関連性があると考えた。すなわちプロモーショナル型では，運営主体が特定のブランドの優位性を高めたいと考えているため，機会主義的行動への動機づけが強く，ソーシャル型では，こうしたブランド特定的な動機づけが弱いと考えた。以上の考えにもとづき，本書では次の3つの仮説を導出した。

✪ 仮説1：正負バランス効果

　消費者にとってクチコミの閲覧は，将来経験するであろう購買に関するシミュレーション（あるいは代理経験）としての役割を果たすという仮定のもとで，より多くの消費者が肯定的な評価をしているほど，つまり正のクチコミの比率が高いほど，消費者の態度や購買意図は高まると考えた。そして正負バランス効果として，仮説1「他の条件が一定であれば，正のクチコミ比率が高いほど，受信者のブランドに関する評価は高まる」を提示した。

✪ 仮説2：プラットフォーム効果

　あるブランドが，数多くのクチコミにおいて高く評価されており，なおかつそれらのクチコミがプロモーショナル型プラットフォームに掲載されている場合について検討した。そこでは，消費者はプロモーショナル型のプラットフォームについて「できるだけ多くの利益を獲得するために，ブランドについてより多くの肯定的情報を提供する方向に動機づけられている人たちによって運営

されている」という単純化された事前知識（カテゴリー知識）を持っており，これを用いてクチコミ情報の処理をするであろうという仮定のもとで，プロモーショナル型のプラットフォームに掲載されたクチコミの肯定的評価は割り引いて推論されると考えた。そしてプラットフォーム効果として，仮説2「ソーシャル型プラットフォームに掲載されたクチコミの方が，プロモーショナル型プラットフォームに掲載されたクチコミよりも，ブランドに関する受信者の評価を高めやすい」を提示した。

✦ 仮説3：疑念効果

　仮説1として示したように，正のクチコミ比率が高いほど，ブランドに関する評価は高くなる。しかしプロモーショナル型のプラットフォームにおいて正の比率が高くなりすぎると，受信者がそこに企業の商業的意図を読み取ることで，プラットフォームに対する信頼が低下し，ブランドに対する評価も低下する可能性がある。本書ではこれを「疑念効果」とよぶことにした。

　ただし疑念効果は常に生じるものではない。そのブランドが事前に選択したものである場合は確証バイアスが働くため，ブランドについて好意的な内容を多く含むクチコミ（正の比率が高いクチコミ集合）を選好するようになり，結果として疑念効果が抑制されると考えられる。以上を踏まえて，仮説3「プロモーショナル型プラットフォームにおいて，事前にブランド選択が行われていない状況で，正の比率の高いクチコミ集合に接した場合，受信者のブランドの評価は低下する」を提示した。

7-1-2. 分析結果の整理

✦ 仮説の分析

　仮説1～3を検証するために，架空のオンライン英会話スクールのサイトを用いた実験を行った。実験では，①複数のクチコミにおける正負バランス（正負バランス4:4条件／8:0条件），②それらが掲載されるプラットフォーム（ソーシャル型／プロモーショナル型），そして③消費者がクチコミを参照するタイミング（事前のブランド選択の有無）の違いが，参加者におよぼす影響を検証した。またこれらの影響を測定するために，オンライン英会話スクールに関する「満

足度」（期待される満足）と「利用意向」を従属変数として用いた。

　①および②の影響の検証は第4章1節において行った。正負バランスの違いの影響を調べるために，正のクチコミの比率が高い8:0条件と相対的に低い4:4条件を比べたところ，いずれの従属変数も8:0条件において高い値を示していたことから，仮説1は支持されたと判断した。またプラットフォームの違いの影響という点では，ソーシャル型条件の方がプロモーショナル型条件よりも，満足度も利用意向も高かった。このことから仮説2も支持されたと判断した。

　③の検証は，第4章2節において行った。その結果，プロモーショナル型条件においてだけ，正負バランスと事前のブランド選択の有無の交互作用が確認された（確認方法1）。また事前のブランド選択の有無による違いを比べたところ，プロモーショナル型条件かつ8:0条件においてだけ，満足度および利用意向の値に差が確認できた。すなわち事前にブランド選択を行っていないグループにおいて，満足度および利用意向の低下傾向が確認できた（確認方法2）。このことから仮説3は支持されたと判断した。

　なお仮説1～3の効果を比較すると，正負バランス効果が大きいのに対して（表4-3の効果量dは0.53～0.62），プラットフォーム効果は比較的小さなものだった（dは0.12）。また疑念効果も同様に，比較的小さなものだった（表4-5および表4-8の効果量dは0.17～0.18）。以上の結果から，肯定的なクチコミの比率を高めることは，高いブランド評価を獲得するための基本原則であるということができるであろう。

✢ 探索的分析

　仮説検証のための分析に加え，第5章では「疑念効果が生じやすいのは誰か」という問題について，探索的な検討を行った。両面提示と片面提示の研究成果を参考に「疑念効果は教育程度が相対的に高い人ほど生じやすい」と考え，これを分析によって確認した。最終学歴が大学以上（大学院卒・大学卒）を相対的に教育程度が高いクラスター，大学未満（短期大学卒・高等専門学校卒・専門学校卒・高等学校卒・中学校卒）を相対的に教育程度が低いクラスターとして両者を比較したところ，疑念効果は前者において顕著に生じることが明らかになった。

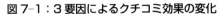
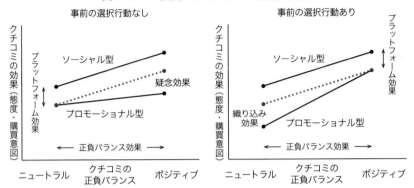

(注)「ニュートラル」とは正のクチコミと負のクチコミの数が同程度を意味し,「ポジティブ」とは正のクチコミが大半であることを意味する.

　さらに第5章2節における追加分析では,大学以上クラスターの「プロモーショナル型／事前選択なし」条件では,4:4条件と8:0条件の間で利用意向に差が生じていないことが明らかになった.つまり正負バランス効果が,疑念効果によって相殺されていた.

　本書では,このことにきわめて大きな示唆が含まれていると考えている.なぜならこの分析結果にもとづく限り,一部の消費者クラスターではプロモーショナル型プラットフォームにおいて肯定的なクチコミの比率を高めても,ブランド評価が高まらない可能性があるからである.すなわちそこでは「高いブランド評価を獲得するには,肯定的なクチコミの比率を高めるべきである」という,クチコミ・マーケティングの基本原則が崩れることになる.

　プロモーショナル型プラットフォームは,そのコントロール可能性の高さゆえ,企業にとって重要なコミュニケーション・チャネルである.しかし本書の分析結果からは,「疑念効果」が,このような価値をスポイルするほどの強さを秘めていることが示されている.

　第5章の分析でもう1つ明らかになったのが,「織り込み効果」の存在であった.これは,プロモーショナル型プラットフォームにおいて事前に選択したブランドのクチコミに接する場合,否定的なクチコミが多数掲載されていることを知ると,そのブランド評価をよりいっそう低く評価するようになる現象であった.この効果は,教育程度の高いクラスターにおいて,顕著に確認された.

ここまでの事柄を視覚的に示したのが，図7-1である。この図からは，正負バランス，プラットフォーム，クチコミ参照タイミングの3要因の組み合わせによって，クチコミの効果がさまざまに変化する様子がうかがえる。

　第6章では疑念効果の回避について検討や分析を行った。この結果，クチコミの発信者に対して類似性を知覚することによって，疑念効果が抑制される傾向があることが発見された。またこの効果は，クチコミの有用性の知覚（クチコミが参考になったという知覚）を媒介して生じていることが明らかになった。

7-1-3. 良いクチコミの悪いはたらき

　以上のように，本書ではネット上のクチコミをめぐるいくつかの現象について検討を行ってきたが，なかでも重要なものは「疑念効果」であろう。疑念効果はこれまで指摘されてこなかった現象であり，また実務的にも深刻な影響力をもたらしうるものだからである。

　既述のように，クチコミ・マーケティングの基本原則は「高いブランド評価を獲得するには，肯定的なクチコミの比率を高めるべきである」というシンプルなものである。しかし疑念効果の存在はこの原則を否定することになる。企業の観点に立った場合，疑念効果は「良いクチコミの悪いはたらき」と映ることになる。

　逆に消費者保護という観点に立つと，疑念効果は好ましいものといえる。後述するように，疑念効果は，事実とは異なるかもしれない情報に対する防衛メカニズムとして機能するからである。したがって消費者保護の観点からは，いかにしてこの防衛メカニズムを維持していくかが大切になる。この点については，本章第4節において論じることにする。

　なお本書では教育程度の高いクラスターに疑念効果が生じやすいことが明らかになったが，今後はそれ以外の条件についても検討していく必要がある。

7-2. 研究伝統における位置づけ

　第2章の最後で述べたように，本章で提示した3つの仮説は，これまでの研

究伝統に見られるさまざまな議論をオンライン・クチコミの文脈に適用することで導かれたものである。また第5章および第6章における探索的分析の結果についても，従来からの議論と無関係でない。そこでここでは本書の仮説ならびに分析結果について，既存研究の流れの中に位置づけながら，学術的な意味を考えることにする。

7-2-1. 正負バランス効果（仮説1）

　本書で論じた正負バランス効果は，意見形成や多数派認知の研究伝統にあてはめて考えることができる。人が多数派意見に説得され，同調する傾向があること（Asch 1951）や，自らの意見が多数派であると認知したときに態度が強化されること（Noelle-Neumann 1984）は，意見形成や世論形成などの分野で古くから知られた知見である。また近年では，Twitter などのオンライン・ソーシャルメディアにおいて同様の仮説が成り立つことが，さまざまな角度から検証されている（e.g. 小川・山本・宮田 2014; 浅谷・鳥海・大橋 2015）。一連の先行研究は，いずれも特定の立場や見解に対する賛成意見と反対意見が混在する状況において，賛成意見やその分布ないし比率，あるいはその認知がどのように受け手の態度に影響するかという問題意識において共通している。

　本書における仮説1は，これら既存研究が扱ってきた社会的・政治的な問題に関する意見や見解における多数派意見の影響が，ブランドに関するクチコミという文脈にもあてはまることを明らかにしたものといえる。そこでは特定の実験刺激（英会話スクール）に対する肯定的な見解を支持する意見が多数派である場合（8:0条件）と，半数である場合（4:4条件）を比較した場合，前者の方が意見への確信が高まり，または説得されやすいことが確認された。したがって仮説1の検証は，意見形成や多数派認知に関する古くからの知見を，オンライン・クチコミの文脈で確認したものと理解することができる。

7-2-2. プラットフォーム効果（仮説2）

　クチコミ・プラットフォームの影響は，「クチコミと広告の影響力」の研究伝統にあてはめて考えることができる。クチコミ研究では，初期から「クチコ

第7章　社会と研究にどのように活かせるか　137

ミは広告よりも信頼される」という主張がなされてきた。企業が費用を投じて出稿する広告よりも，消費者間で交わされるクチコミの方が消費者の態度や行動に大きな影響をおよぼす傾向があることは，消費者行動の領域において古くから示されてきた知見である（e.g. Day 1971; Engel, Blackwell, and Kegerreis 1969; Sheth 1971）。

　これらの主張の論拠となってきたのは，クチコミには送り手による商業的意図が含まれていないという仮定であった（Arndt 1967; Bone 1995; Webster 1970）。既存研究では，ブランドに関するコミュニケーションにおいてメッセージの受け手が送り手の商業的意図を認知した場合，受け手はメッセージ内で称揚されるブランドに対する高い評価を，ブランド自体の品質や性能ではなく送り手の商業的意図に帰属することとなり，結果として，そのメッセージが受け手のブランド態度におよぼす正の影響は抑制されることが示されてきた。これに対してクチコミは，送り手の商業的意図が含まれていないものと定義づけられ，メッセージ内で称揚されたブランドに対する高い評価が，その品質や性能にそのまま帰属され，受け手のブランド態度に正の影響をおよぼすと考えられてきた。

　クチコミに関するこのような仮定は，対面的状況が一般的な時代には妥当なものであったと考えられる。しかしながら，オンラインのクチコミを支えるプラットフォームの運営にブランドの当事者企業が深く関与しうる今日において，「クチコミには送り手による商業的意図が含まれていない」という前提は必ずしも成立しなくなった。言い換えれば，クチコミにも商業的意図が含まれうる時代となった。したがって本書の仮説2は，伝統的な研究の流れをくみつつ，このような時代特性を反映したものと位置づけることができる。

　既述のようにプロモーショナル型プラットフォームには，自らのブランドに有利なかたちで情報伝達をしたいという運営主体の思惑と，プラットフォームの中心性，行為者の分離性，情報操作の容易性という構造的問題が組み合わさることで，現実を歪めたかたちでクチコミ情報が提示される余地がある（第1章4節）。そこで本書では，プロモーショナル型プラットフォームにクチコミが掲載された場合，参照者はプラットフォームに関与している企業のプロモーショナルな意図を認知するために（第2章3節），そのような意図が存在しないソーシャル型プラットフォームにクチコミが掲載された場合よりも，説得効果が低くなるという考えを示した。

本書が仮定する対比構造（ソーシャル型とプロモーショナル型の対比）は，伝統的研究における対比構造（クチコミと広告の対比）とパラレルな関係にある。すなわちどちらの対比においても，前者には商業的意図が存在せず，後者には存在する。したがってこのような枠組みを用いることで，本書における仮説2は，広告とクチコミの対比においてクチコミの方が広告より信頼され，受け手のブランド態度に強い影響をおよぼすという従来から示されてきた仮説を，あらためてオンラインのクチコミ・プラットフォームにおいて確認したものと位置づけることができる。

7-2-3. 疑念効果（仮説3）

　仮説3では，プロモーショナル型プラットフォームの場合，複数クチコミにおける正のクチコミ比率が高くなりすぎると疑念効果が発生し，受け手のブランド態度への正の影響が抑制されるという考えを示した。この考えは，説得的コミュニケーションにおける両面提示と片面提示に関する既存研究の検討（第2章4節）と，確証バイアスに関する既存研究の検討（第2章5節）を組み合わせることから導かれていた。以下では，それぞれとの関連性について検討をする。

✥ 両面提示と片面提示の研究との関連性

　まず両面提示と片面提示の研究との関連性について考察する。これらの研究では，受け手の説得を目的とするコミュニケーションにおいて，受け手にとって有利な情報だけを提示する片面提示型メッセージよりも，不利な情報もあわせて提示する両面提示型メッセージの方が，高い説得効果を発揮する場合があることが示されてきた。すなわち既存研究における両面提示と片面提示の議論は，メッセージに不利な情報を含むか否かに焦点を合わせたものであった。これに対して本書では，上述した知見が，複数のメッセージに含まれる「不利なメッセージの比率」にも拡張できるであろうと考えて検討を行った。

　このように考えた場合，仮説3として示された疑念効果は，送り手が説得的意図をもって発信するメッセージでは両面提示の方が片面提示よりも説得効果が高い，という従来からの知見の流れにあるものといえるであろう。

従来からの知見との整合性は，実験デザインの中にも見ることができる。本書で採用した実験デザインでは，正のクチコミの比率が高い条件として8個の正のクチコミのみから構成される複数クチコミを用いて操作を行った。したがってこの8:0条件は，100％肯定的という点で，実質的に片面提示のメッセージ群といえる。また4:4条件で提示された複数クチコミは，50％肯定的という点で，両面提示として操作されたと考えることができる。このように本書の内容は，両面提示と片面提示の議論を，不利な情報の「有無」から「比率」へと拡張したものであると同時に，既存研究の枠組みを十分に踏襲したものということができる。

　ただし本書で検証した疑念効果に関する議論は，次に述べるように確証バイアスというもう1つの心理的効果を組み合わせたうえで導かれたものであった。したがってそれは，従来の両面提示に関する議論と比べて，より精緻なものと位置づけることができる。

❖ 確証バイアス研究との関連性

　すでに何度か述べているように，仮説3の背景には，参加者は自ら選択したブランドに関して確証バイアスが働くため，そのブランドについて好意的な内容を多く含むクチコミ（つまり正の比率が高いクチコミ集合）を選好するようになり，この結果（正のクチコミの比率が高い場合に生起する）疑念効果が抑制されるだろうという考えがあった。

　実験の結果，事前にブランド選択を行った条件では，4:4条件から8:0条件へと正のクチコミの比率が高まっても，受け手に対する説得効果は十分に高まらなかった。しかし事前にブランド選択を行わなかった条件では，このような現象は生じず，受け手に対する説得効果が高まった。こうして事前にブランド選択を行った条件では，その後に提示されたクチコミを参照する際に確証バイアスが働き，これが疑念効果を抑制したと解釈できる結果が示された。

　上述した結果は，確証バイアスの研究という点で意義深いものと考えられる。なぜならそれは，確証バイアス効果の大きさについて具体的な事実を示しているからである。従来の確証バイアスの研究では，この効果が実際にどの程度の大きさの影響を態度や行動におよぼすのかについて，さまざまな尺度を用いて測定が行われてきた。これに対して今回の実験では，確証バイアス自体の影響

の大きさを直接測定することは試みていないものの，実験中に参加者において生起した確証バイアスが疑念効果を相殺するほどの影響を実験参加者におよぼしたという結果を（第5章において）示すことに成功している。したがって仮説3とその検証は，確証バイアスの研究伝統に対して一定の貢献を果たしたと考えることができる。

7-2-4. 疑念効果と教育程度（第5章）

第5章では探索的分析によって，疑念効果が教育程度の高いクラスターにおいて顕著に観察されることを明らかにした。この結果は，両面提示型メッセージの説得効果が主に高学歴者において観察されるという，これまでの知見と整合するものである。

たとえば第2章で述べた内容とやや重複するが，ホヴランドら（Hovland, Lumsdaine, and Sheffield 1949），ビショップら（Bishop, Oldendick, and Tuchfarber 1982），デローザ（DeRosa 2006）などによる既存研究では，マス・コミュニケーションが受け手におよぼす影響について，①高学歴者（better educated personnel や people who had more schooling など）に対しては両面提示型メッセージの方が効果的であり，②低学歴者に対しては片面提示型メッセージの方が効果的であることが示されている。またこれらの研究では，高学歴者に対して両面提示型メッセージの方が効果的であることについて明確な理由が提示されていないものの，ヘイルら（Hale at al. 1991）は両面提示型メッセージの方が片面提示型メッセージより精緻な認知的処理を必要とするということを示している。

以上を考え合わせると，疑念効果は教育程度の高いクラスターに発生するという本書の分析結果の解釈は，両面提示型メッセージの説得効果の研究伝統とよく整合する。それは教育程度の高いクラスターの方がメッセージをより精緻に処理する傾向があり，それゆえポジティブな側面とネガティブな側面を説明する（精緻な認知的処理を必要とする）両面提示型メッセージに対して好意的な態度を形成しやすいというものである。

7-2-5. 織り込み効果（第5章）

第5章では「織り込み効果」とよばれる現象も発見された。本書ではこの効果について，プロモーショナル型プラットフォームのように企業がある程度掲載するクチコミの取捨選択や編集を行うことが可能な場において，なお半分のクチコミが否定的であるということは，閲覧者に「実態はさらに相当悪いのであろう」という隠蔽された否定的クチコミの存在を織り込んだ推測を許すこととなり，結果として対象ブランドへの評価や態度をより低い方向へと修正させるために生じると考えた。

また織り込み型態度修正が教育程度の高いクラスターに観察されたことについて，クチコミを掲載しているプラットフォーム運営者の商業的意図を推測し，隠された否定的クチコミの存在を想定したうえで，これらを織り込んだかたちで自らの態度の修正を行うといった認知的反応が，かなりの認知的負荷を要する精緻な情報処理を必要とするためと解釈した。

織り込み効果に関するこのような解釈は，やはり教育程度の高いクラスターの方がクチコミ情報をより精緻に処理する傾向があるという既存研究と整合するものである。またそれは認知的不協和の回避と精緻化見込みモデルを組み合わせることで説明可能だという点でも，既存研究の流れをくむものである。

ただし織り込み効果はこれまでのクチコミ研究において指摘されてこなかった，新しい概念ないしは現象である。したがってこの効果については，今後さまざまに条件を変えて，より詳細に検討してみることが重要であろう。

7-2-6. 類似性の認知（第6章）

第6章では，疑念効果が発生しやすい条件下における，いくつかの変数間の関係について追加的な考察を行った。そして，正のクチコミの比率が高いために参加者が疑念を感じやすい状況下であっても，クチコミの発信者が自己に類似していると知覚することで，クチコミの有用性への知覚が高まり，結果としてクチコミに対する疑念が抑制されることが示唆された。

この結果は，第2章3節で検討した発信者の信憑性の枠組みという点から解

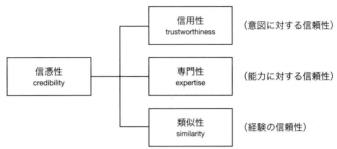

図7-2：オンラインのクチコミにおける発信者に知覚する信憑性

(注) 澁谷 2011, 図表2を加筆修正。

釈することができる。ホヴランドらはコミュニケーションの発信者に対する信憑性の枠組みとして，信憑性とは発信者の意図に対する信頼性（信用性）と能力に対する信頼性（専門性）とから構成されるという見解を示している（Hovland, Janis, and Kelley 1953）。またこれに加えて澁谷（2011）は，受信者が発信者に対して知覚する類似性の知覚が，クチコミの評価に大きな影響をおよぼしていることを示している。彼はクチコミの対象である財を将来購入した際に，発信者と同様の経験をするであろうという自己の将来の予測（つまり購買シミュレーションとしてのクチコミ推論）が，ホヴランドらが提示した2要因だけでなく，受信者が発信者に対して知覚する類似性からも影響を受けることを実験によって明らかにし，これを「経験の信頼性」とよんでいる（図7-2）。

　一連の研究結果を本書の実験結果にあてはめれば，実験においてクチコミの発信者に類似性を知覚した参加者ほど，発信者に対する信憑性を高く知覚し，評価対象となった英会話スクールにおいて，クチコミ発信者と同様の経験をするであろうという予測の確信度が高まったと考えることができる。そしてこの確信が，クチコミに対する有用性の高さの知覚に結びつき，その英会話スクールに対する満足度の予測や利用意向を高めたと解釈できる。

　なお既存研究によれば，類似性の知覚がこうした他者による経験の再現性に関する確信に結びつくためには，知覚された類似性が，経験の内容と関連があるものでなければならないとされてきた。またそのような類似性は，「関連する類似性」（related similarity）または「関連属性における類似性」（similarity on related attributes）とよばれてきた（澁谷 2011）。こうした知見を踏まえてさらに解釈を進めれば，情報内容の判断を左右する専門性について自分にない能

第7章　社会と研究にどのように活かせるか　143

力を持っており，情報内容の解釈において鍵となる属性（たとえば選好や予算制約など）については自分と類似していることが，クチコミの有効性を高めるといったことも考えられるだろう。能力における異質性と，動機づけにおける同質性がクチコミの影響力を強めるという解釈である。

　以上のように，類似性の認知による疑念効果の抑制という現象については，発信者の信憑性という研究伝統の中に位置づけて考えることが可能である。あるいは「情報源の信憑性」は「情報の発信者に対する信憑性」と「情報を伝達するメディアに対する信憑性」が組み合わさることで構成されるという考えをとるならば（Newhagen and Nass 1989），疑念効果というメディアの信憑性に起因する現象が，類似性の認知によってもたらされた発信者の信憑性にもとづいて抑制されたということもできるだろう。

7-3. 本書から得られる実務的インプリケーション

　第1章5節で述べたように，疑念効果を検討する背後には「企業は既存顧客のクチコミ（自社ブランドを購買したり使用した経験のある消費者のクチコミ）を，自社ブランドのプロモーション／コミュニケーションにどう活用できるか」という問題があった。そこで以下ではこの問題意識にそって，企業のマーケティング活動の観点から，実務的インプリケーションを検討していく。

7-3-1. プロモーショナル型プラットフォームの活用

　本書の実験では，ソーシャル型プラットフォームに掲載されたクチコミの方が，プロモーショナル型プラットフォームに掲載されたクチコミよりも，ブランドに関する受信者の評価を高めやすいことが確認された。しかしこのプラットフォーム効果は，比較的小さなものだった。この結果から，プロモーショナル型プラットフォームに自社顧客のクチコミを掲示する施策は，中立的なソーシャル型プラットフォームを利用した施策と，ほぼ遜色のない効果を持つという，実務的インプリケーションを得ることができる。

　ただしこの示唆は，プロモーショナル型とソーシャル型の間でデザインや訴

144

求内容に違いがないという条件におけるものである。つまりこれらの諸条件が異なる場合には，両者の効果に，より大きな違いが生じる可能性があることに注意が必要である。

7-3-2. 正負バランスの調整

本書の実験では，他の条件が一定であるならば，肯定的なクチコミの比率が高い方が受け手の態度を高めることが確認された。この結果から得られるインプリケーションは，ごく自然なものである。すなわち企業が自社サイトに既存顧客のクチコミを掲載する場合，クチコミの正負バランスを調整することが可能であるが，その場合，正のクチコミの比率を高める方向で調整を行う方が，期待どおりの結果が得られやすい。なおすでに何度か述べたが，この結果からは「高いブランド評価を獲得するには，肯定的なクチコミの比率を高めるべきである」というクチコミ・マーケティングの基本原則を導くことができる。

7-3-3. 疑念効果への対応

本書の実験は，自社サイトにおいて正のクチコミの比率を高めすぎることが，ときとしてクチコミ効果（ないしはプロモーション効果）の抑制につながることも示していた。この「疑念効果」は，事前にブランド選択を行っていない場合に生じ，また受け手が高学歴である場合に顕著となることが示された。さらに疑念効果は，発信者の類似性の知覚によって，ある程度，抑制可能であることも示された。

このことから得られる第1のインプリケーションは，参照タイミングに合わせたクチコミ提示の重要性である。企業にとって，サイト閲覧者のブランドに関する検討状況を推測し，候補となりうる複数ブランドを並行して検討している段階にあるのか，すでに候補となるブランドが絞り込まれた段階にあるのかを把握することが大切となる。そして前者の段階では正のクチコミばかりにならないようにすることが，後者の段階では正のクチコミの比率を高めるかたちで提示することが定石的な対応となる。

第2のインプリケーションは，疑念効果の回避可能性である。疑念効果の回

避には大きく2つの方法がある。1つは疑念効果が生じやすいクラスターに対して，正のクチコミの比率が高まりすぎないようにすることであるが，このためには両面提示に関する先行研究が参考になる。先行研究では両面提示が片面提示より有効な条件として，受け手の教育程度が高い場合と，受け手がメッセージの内容に関連する領域において豊富な知識や経験を有している場合とがあることが指摘されている。

今回の分析で用いた変数は教育程度（最終学歴）であったが，このような先行研究の知見を照らし合わせると，疑念効果が生じやすいクラスターを把握するには，受け手の教育水準と，自社のブランドに対する関心の高さや，知識ないしは経験の程度が鍵となりそうである。すなわち教育程度が高かったり，知識や経験が豊かなクラスターの場合，正のクチコミだけでなく負のクチコミが混在していることがポイントとなると考えられる。なお知識や経験の高さは，サイトの来訪回数，サイト内での行動，関連製品の購入履歴などによって，ある程度まで推測可能であろう。

疑念効果を回避するもう1つの方法は，サイトの訪問者が自己と類似した顧客のクチコミを閲覧できるようにすることである。企業の視点に立てば，その訪問者と類似性の高い既存顧客のクチコミを中心に提示をすることになる。またこの場合，単に類似性の高い顧客のクチコミを集めるだけでなく，類似性の高さの知覚が，クチコミが参考になったという評価に結びつくように配慮することも重要である。

これらの方法を採用するには，個々のクチコミの発信者について，さまざまな属性ごとに分類やタグづけを行うこと，またクチコミを参照する消費者がこの分類にもとづいて類似性の高い消費者の情報を閲覧する可能性を高めること（たとえば消費者自身がそのような情報を簡単に探索したり検索したりできるようにすること）が求められる。

実際に，自動車会社や戸建て住宅会社などのサイトでは，購入した車種や家のみならず，購入理由，家族構成，年齢，趣味，購入したクルマや住宅に関して気に入っている点や不便に感じる点など，およそ考えつく限りの項目にもとづいてクチコミにタグ付けを行い，これらによって類似した顧客のクチコミを選択できるような機能を実現している例が見られる。本書の結果からは，一部の企業によってすでに行われているこのような施策が，プロモーショナル型ク

チコミに対する疑念効果の発生を抑えたり，クチコミの対象である財に対する
期待や購入意図を高めるのに有効であると推察できる。プロモーショナル型プ
ラットフォームはソーシャル型プラットフォームに掲載されたクチコミより受
け手に対する説得効果においてやや劣る点があるとはいえ，類似性の知覚（あ
るいはそこから生じる経験の信頼性）を高める施策を行うことで，有効性の高い
コミュニケーション・チャネルとして活用することができるといえよう。

7-3-4. 織り込み効果の回避

　本書の実験では「織り込み効果」，つまり複数のクチコミが提示されるプラ
ットフォームがプロモーショナル型であるとき，負のクチコミが占める比率が
一定以上になると，対象ブランドへの参照者の態度におよぼす負の影響が増大
するという現象も発見された。前項では，教育程度が高い者や知識や経験の豊
富な者に対して，正のクチコミだけでなく負のクチコミが混在して提示される
ようにすることが，疑念効果の回避方法として有効だと述べた。しかし織り込
み効果の存在は，負のクチコミの比率を高めすぎることの危険性を指摘してい
る。

　織り込み効果の発見から導かれる実務的インプリケーションは，企業は負の
クチコミの比率（すなわち両面提示の程度）に慎重になるべきだということであ
る。今回の実験では，負のクチコミの比率が半分を占める場合に，織り込み効
果が発生した。したがって，疑念効果を防ぐために負のクチコミを混在させて
両面提示にすることが必要な場合でも，その比率は半分以下に抑えた方が安全
であろう。

　今回の実験では負のクチコミの比率が0%の条件と50%の条件しか設定し
なかったが，実際にはこの間のどこかに最適な値が存在すると思われる。さら
には，このような最適値は，顧客の諸特性によって規定される可能性もある。
この点は今後の課題として残されるものである。

　なお疑念効果の回避をするためにも，織り込み効果を回避するためにも，自
社サイトの来訪者のプロフィールを可能な範囲で把握することが重要となる。
顧客のプロフィールを知ることはマーケティングの基本であるが，自社サイト
のクチコミ活用においても，これは変わらないといえる。

第7章　社会と研究にどのように活かせるか　147

7-4. 消費者保護のためのインプリケーションと倫理的 ガイドライン

　今日のマーケティング活動において，クチコミの活用はきわめて一般的なものとなった。しかしその反面で，こうしたマーケティング活動には，常に倫理的な問題が伴っているのも事実である。本節では消費者保護の観点から本書のインプリケーションを検討するとともに，プロモーショナル型プラットフォームの倫理的ガイドラインについて述べることにする。

7-4-1. 消費者保護のためのインプリケーション

　すでに何度か述べたように，プロモーショナル型プラットフォームでは，自社ブランドの優位性を高めたいという動機づけと，それを可能とするプラットフォームの構造的問題（プラットフォームの中心性・行為者の分離性・情報操作の容易性）が組み合わさることで，運営企業のブランドに有利なかたちで情報伝達が行われている可能性がある。しかし消費者の意思決定過程には，こうした「事実とは異なるかもしれない情報」に対処するための2つの効果が組み込まれていた。

　その1つはプラットフォーム効果である。本書の実験では，消費者はそれがプロモーショナル型プラットフォームであることを理解している場合，同じ内容のクチコミをソーシャル型プラットフォームで閲覧した場合と比べて，ブランドの評価を下げる傾向があることが確認された。もう1つは疑念効果である。やはり本書の実験では，消費者がプロモーショナル型プラットフォームであることを理解している場合，肯定的なクチコミが増えても，そのブランドを高く評価するとは限らないことが確認された。消費者の意思決定過程には，いわば二重の防衛メカニズムが組み込まれているわけである。

　その反面で本書の実験は，これらの効果がいずれも脆さを抱えていることも明らかにした。まず第4章1節で述べたように，プラットフォーム効果の効果量はいずれも小さなものであった。消費者はプロモーショナル型プラットフォームに掲載されているクチコミ情報を，同じ条件のソーシャル型プラットフォ

ームのクチコミ情報よりも割り引いて評価するわけだが，その程度はごくわず
かだった。また本書では，事前にブランド選択をすることで疑念効果が機能し
なくなることも明らかになった。プラットフォームの運営者が商業的意図を有
していることは理解しているものの，自分の考えを否定する不快感によって，
これが抑え込まれてしまうわけである。

　プロモーショナル型プラットフォームに潜んでいる運営者による情報操作の
可能性について，消費者はどのように対応していけばいいのだろうか。その基
本的な考え方は，上述した2つの防衛メカニズムが適切に機能するようにする
ことである。まずプラットフォーム効果を十分に機能させるために，それがプ
ロモーショナル型のプラットフォームであることを常に意識することが有効で
あろう。プロモーショナル型のプラットフォームを閲覧するときは，サイト運
営者である企業が，自社の利益のために，商業的意図のもとで制作したものだ
ということを積極的に意識するわけである。また疑念効果を十分に発揮させる
には，できるだけブランド選択前にクチコミ閲覧をするよう心がけることが有
効であろう。もし，ブランド選択後にクチコミを閲覧する場合には，私たち人
間には確証バイアスが存在し，自分の判断と同じクチコミを好みやすいことを
意識することがよいだろう。

　いまひとつ重要なことは，ブランドを選択するということは，どのブランド
が良いかを「考える」ことばかりではないということである。いくつかのブラ
ンドが示された状況で，特定のブランドの写真をタッチやクリックしたり，チ
ェック・ボックスをオンにしたり，あるいはそのブランドに関する情報につい
て「いいね」ボタンを押したり，誰かと「シェア」したりする行為は，いずれ
も確証バイアスをもたらし，疑念効果を弱める可能性がある。また実際に，オ
ンラインの購買行動ではブランドを「選ぶ」という行為が，タッチやクリック
をするだけで簡単に行える。このような現実を踏まえると，今日の消費者はブ
ランドの「選択」に対してより慎重になるべきだといえるだろう。

　逆に，プロモーショナル型プラットフォームを運営する企業は，これら2つ
の防衛メカニズムを弱めるような行動は慎むべきである。たとえば，自らがク
チコミ・プラットフォームの運営に関与するのであれば，そのことを明確に表
示し，プロモーショナル型であることを消費者に十分に意識させる工夫をすべ
きである。またブランドの選択をしてからでないと，クチコミを閲覧できない

第7章　社会と研究にどのように活かせるか　149

ような仕組みも避けるべきである。これはたとえば，あらかじめ好きなブランドを選ばせる，複数のブランドを順位づけさせるなどといった仕組みである。

　社会全体として重要なことは，オンライン・クチコミへの接触を含む情報リテラシー教育をしっかりと行うことであろう。オンライン環境の進歩の速さもあり，いまのところこうした教育は必ずしも十分ではないように思える。社会環境の変化に対応した消費者教育は，今後の大切な課題だと考えられる。

7-4-2. プロモーショナル型プラットフォームの倫理的ガイドライン

　いうまでもなく，企業は自社のプロモーショナル型プラットフォームでクチコミ情報を扱うとき，消費者を欺いたり誤解を与えたりすることのないよう十分に配慮をする必要がある。そこで本項ではプロモーショナル型プラットフォームの倫理的ガイドラインについて検討する。

　今日，社会におけるマーケティングの考え方はさまざまである。たとえば，マーケティングの基本は顧客志向であり，顧客のニーズを満たすことがその起点だという考えもあれば（e.g. 久保田・澁谷・須永 2013），市場で繰り広げられているマーケティング活動はデセプション（欺瞞）にすぎないという主張もある（e.g. Boush, Friestad, and Wright 2009）。しかし，これら一見すると相反する意見は，実はマーケティング活動に対して，欺瞞に陥らず，顧客志向であることを求めている点で一致している。

　それでは欺瞞に陥らず，顧客志向であるにはどうしたらいいのか。こうした理念を実践する鍵となるのが，多くの論者によって繰り返し指摘されてきた「マーケティングとマニピュレーション」という視点である。ただしここでいうマニピュレーションとは，消費者を操作することであり，消費者を自らに都合の良いように行動させることである。つまり情報を操るという範囲にとどまらず，それによって消費者を操るという意味を持っている。

　マーケティングとマニピュレーションの境界線は，今日，よりいっそう曖昧になっているといわれる。たとえば INSEAD のガティノン教授は，消費者はマーケティングのことをますますマニピュレーション（操作）だと考えるようになってきており，マーケティングの専門家は，この疑いを晴らすことが重要であると指摘している（Gatignon 2016）。彼の考え方は，プロモーショナル型

プラットフォームの運営にも，さらにはクチコミ・プラットフォーム全般の運営にも適用できるであろう。消費者にマニピュレーションだと疑われないことは，プロモーショナル型プラットフォームを含むクチコミ・プラットフォーム全体の倫理基準として，きわめて妥当だと考えられる。

　こうした観点から，本書ではプロモーショナル型プラットフォームでクチコミ情報を扱うためのガイドラインとして，(a)企業関与の通知，(b)自由な閲覧の保障，(c)内容選択の通知という3点を提示する。これらのうち(a)と(b)は前項で議論した内容と重複するため簡単に記述する。

　(a)企業関与の通知は，もっとも基本的な点である。企業は自らがクチコミ・プラットフォームの運営に関与している場合，そのことを消費者が容易に理解できるように通知すべきである。このためには単に「広告」であるとか「PR」と表示するだけでなく，「このページは（ブランド名）を販売している（企業名）が制作したものです」といった文章による説明を，閲覧者の目につきやすい場所に十分な大きさで記すことなどが望ましいと考えられる。

　(b)自由な閲覧の保障は，疑念効果という防衛メカニズムが機能するための前提となる。プロモーショナル型プラットフォームを設計するにあたっては，消費者が事前にブランド選択をしなくてもクチコミの閲覧ができる構造とすべきである。

　(c)内容選択の通知は，前項で議論しなかったものであるため，やや詳細に記述する。本書では，プロモーショナル型プラットフォームにおいて，提示するクチコミを企業が取捨選択すること自体に問題はないと考えている。なぜなら広告をはじめとする説得的コミュニケーションにおいて，送り手の都合によって，メッセージ内容の構成（情報の取捨選択）が行われることは一般的であるためである。しかしその反面で，本書ではクチコミを選択したという事実が消費者に告げられないことには，問題があると考えている。こうした情報が提示されない場合，消費者はプロモーショナル型サイトに掲載された複数クチコミの構成状態（たとえば正負バランスなど）を，市場の意見分布として誤解する可能性があるためである。もし，送り手である当事者企業の都合によってクチコミの構成状態が編集されているのであれば，それを明確に告げることが公正であろう。

　また本書では，提示する個々のクチコミの内容に当事者企業（ないしはその

第7章　社会と研究にどのように活かせるか　151

関係者）が修正や編集を加えることは，クチコミの発信者本人が主体的にそれを求めているのでない限り，許されないと考えている。なぜならそれは偽りの情報をつくりだすことであり，ある種の捏造行為といえるからである。

　以上を整理すると，本書では，①消費者（あるいは第三者）のクチコミに手を加えることがなければ，②それらを取捨選択することは許される行為であるが，③この場合，取捨選択をしたという事実が閲覧者に対して明確に告げられる必要があると考えている。たとえば「本サイトに掲載されているクチコミは，多くの中から当社が選んだ一部のクチコミです」であるとか，「本サイトはすべてのクチコミを掲載しているのではありません。当社が選んだ一部のクチコミを掲載したものです」といった表示を，閲覧者の目につきやすい場所に十分な大きさで記すことは，プロモーショナル型プラットフォームの運営者の最低限の義務であると考えている。

　なお(a)企業関与の通知および(c)内容選択の通知においては，それらの表示が（広告における打ち消し表示でよく見られるように）相対的に小さなフォントで記載されたり，目立ちにくい場所に記載されることがあってはならないと考えている。なぜならこれらは消費者がメッセージの真偽を判断するための重要な情報となるためである。

　総じて述べれば，不適切なクチコミ情報から消費者を守るためには，2つの視点が考えられる。1つは消費者が不適切なクチコミ情報から自己を防衛できるようにすることであり，いま1つは企業側が不適切なクチコミ活用をしないことである。こうした視点から本節を整理すると，第1項（7-4-1）で述べた「消費者保護のためのインプリケーション」はおおむね前者に相当し，第2項（7-4-2）で述べた「プロモーショナル型プラットフォームの倫理的ガイドライン」は後者に相当するといえるだろう。

7-5. 本書の限界と今後の課題

7-5-1. 正負バランスの設定

　最後に本書の限界と今後の課題について述べることにする。本書の実験では，

複数クチコミの正負バランスとして 8:0 条件と 4:4 条件という 2 つの条件だけ
を設定した。これは予算上の制約に加えて，疑念効果が発生するか否かを検証
するためには，この 2 条件で必要十分であると判断したためであった。しかし
実験結果の分析の途上で，織り込み効果という当初予測していなかった現象が
観察され，教育程度の高いクラスターの場合，4:4 条件において著しくブラン
ド評価が低下してしまうことが発見された。

　この織り込み効果と，疑念効果を考え合わせると，第 3 節（7-3-4）でも述
べたように，8:0 と 4:4 の間のどこかに両者を回避する最適な正負バランスが
存在すると推測される。したがって，今後はこの点に関してより具体的な知見
を得るために，複数クチコミの正負バランスとして 8:0 と 4:4 の間にさらに何
段階かの正負バランスを設定し，きめ細かい分析と検証を行うことが重要だと
考えられる。

7-5-2. プラットフォームの操作方法

　本書の実験では，ソーシャル型プラットフォームとプロモーショナル型プラ
ットフォームの操作を画面に提示される文言のみを用いて行った。本章第 3 節
（7-3-4）で述べたように，これは他の画面要素を統制するための配慮であった。
　しかしこれとは異なり，プロモーショナル型とソーシャル型の操作に，より
多くの画面要素を用いることで，前者は企業が自社サイト内に開設したように
実験参加者に認知させるようなデザインを用い，後者は中立なソーシャル系の
サイトに見えるようなデザインを模したサイトを実験素材として用いるという
方法もありうる。
　上述したようなサイト・デザインを用いた場合には，今回の実験のように厳
密な統制を行うことは難しくなる一方で，そこから得られる実験結果は現実の
企業サイト（あるいはソーシャル・メディア）における消費者行動により近い測
定値となることが予測される。言い換えれば今回の実験では，厳密な統制を行
うために，現実のオンラインのクチコミ・プラットフォームからはやや乖離し
た結果となっている可能性がある。
　本書の実験では，プラットフォーム効果は比較的小さなものだったが，こう
したデザイン上の違いをほどこすことで，その効果はより大きなものとなるか

第 7 章　社会と研究にどのように活かせるか　153

もしれない。このような点を顧みると，今後の課題としてより現実の企業サイトやソーシャル・メディアに近いサイト・デザインを用いた実験を行うことも，1つの方向性として検討するべきであろう。

7-5-3. 態度の変化値の測定

　本書の実験では，2（プラットフォーム要因：PR／SC）×2（正負バランス要因：8:0／4:4）×2（事前のブランド選択要因：あり／なし）の全8条件に割り当てられた実験参加者に対して，画面に提示された，または選択した英会話スクールに対する満足度の予測値と利用意向を回答することを求め，これらを実験の従属変数とした。つまり今回の実験では，クチコミを参照した後にだけ，従属変数を測定するデザインであった。

　これに対して第3章で述べた社会的比較過程研究の領域などでは，実験刺激に対する態度を，実験中に提示される他者による評価を読む前と後に測定し，2回の変化値を実験の従属変数とすることもある。この実験デザインの良い点は，他者評価を読む前後の態度の変化値をとることで，刺激対象への当初の態度値（いわゆるデフォルトの態度値）の個人差を吸収できることである。

　一般的な議論として，実験中に2回の測定を行うことに伴う難しさは，実験参加者が繰り返し同じ質問をされるために，最初に回答した値を記憶している可能性にある。またこのような事態を回避するために，膨大なダミー質問に回答させることで，同じ質問にクチコミ参照の前後で2度回答したことを意識させない実験デザインにする必要がある。

　さらにこうした実験デザインを採用するためには1人当たりの回答時間をかなり長めに設定する必要があり，回答者の集中力が実験中に低下するリスクも伴う。このため回答紙によって実験を実施していた時代には，1回目の質問は本実験に何週間も先立つ時期に別の調査を模した質問の中に紛れ込ませておき，本実験で測定した2回目の態度との変化値を計算するというような工夫も用いられてきた。しかしこのような実験デザインを採用することは，実際に実験中に英会話スクールを選択してもらう今回の実験では難しい。

　実際のところクチコミに関する実験研究では，参加者の態度を1度だけ測定するものがほとんどであり，本書の実験デザインが著しい不都合を伴うわけで

はない。しかし本書の実験の本来の目的は，各参加者がクチコミを読むことによってどのように態度や期待値，購買意向などを変化させるかを知ることにある。このような視点に立つと，クチコミを参照する前後でブランド態度を測定し，その変化値を計算するという実験デザインを採用できなかったことは，今回の実験の限界であると評価することもできる。この点に関しては，さらに何らかの工夫を案出し，次回以降の実験では解消を図ることが望ましい。

7-5-4. 対価を伴うソーシャル型プラットフォームへの配慮

　本書では，ソーシャル型プラットフォームを，ブランドの当事者企業が関与していないクチコミ・プラットフォームと定義した。しかし今日のクチコミ環境を見回すと，表面的には「ソーシャル型」のプラットフォームでありつつも，実は掲載ブランド企業から，何らかの対価がプラットフォームの運営主体に支払われているものも珍しくない。こうした取引が行われた場合，当然のことながら，プラットフォームの運営主体は掲載ブランド企業に対して便宜を図ることになる。今日のクチコミ環境には「ソーシャルのふりをした，プロモーショナルなプラットフォーム」がかなり存在するわけである。

　振り返ってみると，本書におけるソーシャル型とプロモーショナル型という2類型は，きわめて基本的なものであり，それゆえ多くの場面に応用が効くものである。しかしながら，こうした現実と照らし合わせると，やや素朴な分類であるともいえるだろう。

　本章第2節で述べたように，本書は伝統的な研究の流れをくみつつ，現代のメディア特性を反映したものであった。このような考え方をさらに進めるためには，今後は対価を伴うソーシャル型（ペイド・ソーシャル型）のプラットフォームを考慮した分析も重要となるだろう。また，こうした類型を組み込むことで，本書では語りきれなかった新たな効果が発見できる可能性もあるだろう。

第7章 社会と研究にどのように活かせるか　155

Appendix-1　ソーシャル・グラフとインタレスト・グラフ

　ソーシャル・グラフという言葉は，もともとネットワーク分析において個人同士や，人と組織の間の社会的関係を表した図表（ダイアグラムという）の呼称として用いられていた。しかし Facebook が自社のビジネスの基盤としてこの用語を用いたことなどが契機となり，個人と個人や，個人と組織の社会的関係を意味する概念として用いられるようになった（Rouse 2010）。

　またインタレスト・グラフとは，本来はある個人とその個人が選好する対象，あるいはそうした対象同士を結ぶダイアグラムを意味していた。たとえば A さんという自転車好きの人がいた場合，A さん（個人）と自転車（選好の対象）を結ぶダイアグラムが，元来のインタレスト・グラフであった。しかし Twitter 社がこの言葉を使い始めた 2007 年前後から，やや異なる意味の言葉として，一般に急速に広まった（rr11 2011）。Facebook のような相互に「友達」として承認し合う仕組みと異なり，Twitter では利用者が興味のある発信者を一方的に「フォロー」することができる。つまり知り合いでなくても，興味があれば結びつくことができる。こうした興味関心で結びついた個人と個人の関係を，Twitter 社がインタレスト・グラフとよんだことから（Pollitt 2014），今日では興味・関心，態度，信念，嗜好などが近い個人同士の一方向または双方向の結びつきを意味する言葉として，インタレスト・グラフが用いられるようになった（Bagozzi 2000）。

Appendix-2　水平的交換市場とソーシャル・プラットフォーム

　ペレンとコジネッツ（Perren and Kozinets 2018）は，ソーシャル・プラットフォームが実現する交換空間をアマチュア同士のつながりを意味する「ピア・トゥ・ピア市場」ではなく，より汎用的な「水平的交換市場」（lateral exchange markets）という概念を用いて記述している。ニューヨーク市の 2014 年の報告書によると不動産オーナーやマネージャーの全収入のうち 37％ もが「エアビーアンドビー」（Airbnb）によるものであったり，ウーバー社の 2015 年の報告によると「ウーバー」（Uber）のドライバーの 18％ もが現職ないしは前職においてタクシーやリムジンの運転手であるように，今日のソーシャル・プラットフォームは個人だけでなく，プロフェッショナルな売り手や買い手にも利用されているためである。

　水平的交換市場は「同等の地位にある経済的行為者によって構成されるネットワーク内の交換活動を促す，テクノロジー・プラットフォームを通じて形成される市場」（Perren and Kozinets 2018, p. 21）と定義される。したがってそこに存在するソーシャル・プラットフォームは，①オンラインにおける，②同等の地位の行為者による，③財の交換システムといえる。またそこでは情報のやりとり（コミュニケーション）はもちろん，契約（コントラクト），財のやりとり（デリバリー），支払いや送金（ペイメント）なども展開されることになる。

　ペレンとコジネッツの研究は，ソーシャル・プラットフォームを幅広くとらえて検討している点で特徴的である。彼女らが研究対象としているソーシャル・プラットフォームは，個人間コミュニケーション（すなわち当事者同士の情報の交換）を目的としたものだけでない。そこにはフリー・マーケット，オークション，シェアリング，ソーシャル・リース，クラウド・ファンディングなど，当事者らの間で「何らかの交換」が行われるさまざまなプラットフォームが含まれている。また（彼女ら自身は直接言及していないものの）交換という概念が，売り手と買い手の取引という意味に限定することなく用いられている。すなわちそこにおける交換概念には，二者間の交換（ダイアディック交換）だけでなく，三者以上の交換（トライアド交換やネットワーク交換）も含まれているし，財と対価のやりとりのような双方向的な交換（限定交換）だけでなく，複数の当事者間における循環的な交換（一般交換）や，寄付のような一方向的な交換も含まれている。

　ペレンとコジネッツはソーシャル・プラットフォームを「プラットフォーム介在性」（platform intermediation）と「コンソーシャリティー」（consociality）という

158

２次元によって分類し,「フォーラム」(forums),「エネブラー」(enablers),「マッチメーカー」(matchmakers),「ハブ」(hubs) という４つの類型を導いている（18 ページの図 1-2）。

　彼女らの研究の功績は,プラットフォーム介在性とコンソーシャリティーというユニークな変数を用いることで,これまでにない幅広い観点からソーシャル・プラットフォームをとらえることに成功している点にある。しかしその反面で,これら議論の中核となる変数の概念規定に若干の曖昧性が伴っているのも事実である。そこで以下では,彼女らの主張について,筆者らの解釈を加えながら説明する。

❖ プラットフォーム介在性

　プラットフォーム介在性とは「ネットワーク内の行為者間の交換を管理し調整するための媒介として機能する,さまざまなソフトウェア・プラットフォームとそれに関連するデジタル・ツールの実装」のことである（Perren and Kozinets 2018, p. 23）。

　ペレンとコジネッツの研究を参照すると,プラットフォーム介在性とは,行為者らの間に介在するかたちで交換活動を管理・調整するシステムをプラットフォームが提供していることと解釈できる。したがってプラットフォーム介在性が高いということは,プラットフォームの提供したシステムのうえで,交換の管理や調整をすることが可能な状態を意味している。つまりそこでは,交換にまつわる諸活動（コミュニケーション,契約,適応,デリバリー,支払いなど）の管理や調整が,プラットフォームの提供するシステムを経由して行われうることになる。

　こうした構造は,ソーシャル・プラットフォームの４類型を記述した図 1-2 にも示されている。プラットフォーム介在性の高い類型（右列のマッチメーカー型とハブ型）には,ある行為者（A）と他の行為者（A）の間に,プラットフォーム（P）が介在する矢印が存在するが,プラットフォーム介在性が低い類型の場合（左列のフォーラム型とエネブラー型）では,こうしたプラットフォームが介在する矢印が存在しない。

　なお,プラットフォーム介在性が高いということは,プラットフォームを介さない結びつき（行為者同士が直接結びつくルート）が存在しないということではない。たとえば後述する「マッチメーカー型」のように,プラットフォームが行為者と行為者の間に深く介在して,当事者同士の相互作用をサポートすると同時に,プラットフォームを介さない結びつき（行為者同士が直接結びつくルート）も確保されている場合もある。これはプラットフォーム介在性の高さが,交換活動の遂行における行為者のプラットフォームへの依存度の高さに直結しないことを意味している。

Appendix-2　水平的交換市場とソーシャル・プラットフォーム　159

❖ コンソーシャリティー

　コンソーシャリティーとは「あるネットワーク内に存在する行為者らに社会的相互作用のための機会を提供する物理的／仮想的な共存的状況」(Perren and Kozinets 2018, p. 23) のことである。ただしペレンとコジネッツの研究において，社会的相互作用とは，行為者同士の直接的なやりとりやコミュニケーションを意味する概念として用いられているようである。したがってコンソーシャリティーとは，行為者同士がオンラインないしはオフラインで直接的に交流するための機会と解釈できる。またコンソーシャリティーが高いということは，行為者同士がオンラインないしはオフラインで直接交流するための機会が，プラットフォームによって提供されていることを意味している。なおこのような直接的に交流する機会の提供は，プラットフォームが相互作用の場やツールを用意したり，住所やメールアドレスのような相互作用の手がかりを伝えることで実現するであろう。

　こうした構造は図1-2にも示されている。コンソーシャリティーが高い類型（上段のフォーラム型とマッチメーカー型）では，ある行為者（A）と他の行為者（A）の間に，直接結びつく矢印が存在している。対照的に，コンソーシャリティーの低い類型（下段のエネブラー型とハブ型）では，行為者同士の間に直接結びつく矢印が存在しない。

　コンソーシャリティーが低い場合，行為者同士はプラットフォームから何らかの支援（手助け）を受けないと交流ができないことになる。したがってコンソーシャリティーの程度は，行為者同士の相対的な社会的相互作用の可能性を規定することになる。

　また行為者同士の社会的相互作用の少なさは，交換にまつわる諸活動（コミュニケーション，契約，適応，デリバリー，支払いなど）の方法や手順などについて，行為者同士で直接交渉や調整をする機会の少なさに結びつく。そこでこれを補うためにコンソーシャリティーが低い場合には，上述した諸活動の方法や手順が，プラットフォームによって標準化ないしはルール化される傾向が強くなる。

　ここまで，プラットフォーム介在性とコンソーシャリティーについて説明した。以下ではこれら2つの変数の組み合わせから導かれる，ソーシャル・プラットフォームの4類型（フォーラム，エネブラー，マッチメーカー，ハブ）について説明する。

❖ フォーラム

　フォーラムとは低いプラットフォーム介在性と，高いコンソーシャリティーによ

って特徴づけられる類型であり，その中核機能は「行為者らを結びつける」（connect actors）ことである。そこでは，プラットフォーム介在性の低さゆえ，スケジュールや取引条件の調整といった交換にまつわる諸活動を調整するシステムが提供されていない。また高いコンソーシャリティーゆえ，行為者同士が直接的やりとりをする機会が，プラットフォームによって提供されている。

このことを示すように図1-2におけるフォーラムには，行為者同士の間に両矢印が書き込まれているにもかかわらず，プラットフォームを意味する「P」が行為者らの中心に書き込まれていない。つまりプラットフォームは，行為者らが直接交流する機会は提供するものの（高コンソーシャリティー），そこでのやりとりには直接関わらない（低プラットフォーム介在性）。なおフォーラム型プラットフォームのこうした働きは，行為者らを囲む円（実線）として図に描かれている。

上述した状態は，プラットフォームが他の行為者に直接コンタクトする手がかり（メール・アドレスなど）を提供することで実現される。そこでは，交換活動に必要なコミュニケーションや調整は行為者自身に任され，当事者間で直接的に行われることになる（行為者↔行為者）。またこのため，当事者同士は交換活動のために時間あるいは空間を共有することになる。たとえば自動車の相乗り相手を見つける「カープール・ワールド」（CarpoolWorld）というサービスでは，相乗りを実現するために，当事者同士が直接交渉や調整を行うことになるうえに，実際に相乗りすることで，当事者同士が時間や空間を共有する。なおフォーラムのこのような特徴は，当事者らがプラットフォームに依存せずに交流が可能であることも意味している。

フォーラムは，市場が広くて組織化されていないときに必要となる探索コストを低下することになる。

❖ エネブラー

エネブラーとは，プラットフォーム介在性とコンソーシャリティーの双方の低さによって特徴づけられる類型である。フォーラム同様，エネブラーでも交換を管理したり調整するためのシステムは提供されていない。またコンソーシャリティーの低さゆえ，行為者同士が直接やりとりしたり，コミュニケーションをする機会や場も，ほとんど（あるいはまったく）提供されていない。

エネブラーの重要な役割は，当事者同士が直接的なやりとりを行えない状況でもスムーズに交換活動が行えるように，彼らを手助けし，後押しすることである（プラットフォーム→行為者→行為者）。エネブラーの中核機能とは，交換そのものを管理することではなく，交換のために「行為者らを装備する」（equip actors）こと

である。具体的には，交換に伴う諸活動を標準化したりルール化することで，当事者同士の調整の必要性を低減する。またそれによって交換活動を透明化し（すなわち予測可能性を高め），不確実性を低減する。現時点においてエネブラーの典型とされるのが，「ポッシュマーク」（Poshmark）のようなフリマ・サービスである。そこでは出品商品の写真をきれいに編集したり，いくつもの出品商品をさまざまなカテゴリーやテーマに沿って整理したり，あるいは商品発送のための宛名ラベルを作成したりといった作業を，プラットフォームが手助けしてくれる。

　フォーラムと異なり，図1-2においてエネブラーには行為者の間に両矢印が書き込まれていない。これはプラットフォームが，行為者らが直接的に交流する機会を提供していないことを意味している。もし行為者同士がもともと知り合いでなければ（つまりソーシャル・グラフ関係になければ），彼らが直接交流することは難しい。

　エネブラーは交換パフォーマンスの予測や取引条件の調整を容易にし，探索コストと意思決定コストを低下させることになる。

✣ マッチメーカー

　マッチメーカーとは，プラットフォーム介在性とコンソーシャリティーの双方の高さによって特徴づけられる類型である。まずそれは，プラットフォーム介在性の高さゆえ，行為者と行為者の間に深く介在して，当事者同士の相互作用をサポートすることになる。言い換えれば，行為者らはプラットフォームの提供するシステムを利用して双方向的なコミュニケーションを行うことになる（行為者←プラットフォーム→行為者）。他方コンソーシャリティーの高さゆえ，行為者同士が直接交流するための機会が確保されており，ときには行為者同士が実際に会うこともある。

　マッチメーカーの中核機能は「行為者らをペアにする」（pair actors）ことである。このペアにするという機能には，当事者同士を組み合わせることだけでなく，その後の相互作用を支援するという意味合いも含まれている。つまりペアをつくるだけでなく，ペアが保たれることもサポートするわけである。たとえば「ドッグヴァケイ」（DogVacay）という，旅行に行くときに有償で飼い犬を預かってくれる人を見つけるサービスがある。このサービスは，単に犬のオーナーと預かり手を引き合わせるだけでなく，預かり手が犬の写真を毎日アップデートしてオーナーがそれを閲覧（ないしは監視）できるようにしたり，サービス終了後の代金支払いを仲介したりする。

　図1-2においてマッチメーカーには，プラットフォームを意味する「P」が行為者らの中心に書き込まれている。これはプラットフォームが，行為者らのやりとり

に関わっていることを意味している（高プラットフォーム介在性）。またそこでは行為者の間に両矢印が書き込まれており，プラットフォームが，行為者らが直接的に交流する機会を提供していることが示されている（高コンソーシャリティー）。つまりマッチメーカーの場合，行為者らはプラットフォームを介しても，プラットフォームを介さなくても，直接的な交流を行えるわけである。たとえば上述したドッグヴァケイであれば，犬の飼い主と預かり手は，プラットフォームの提供するモニタリング・システムや支払いシステムを通じて交流活動や交換活動をすることもできるし，（犬の受け渡しの際などに）プラットフォームを介さずに交流をすることもできる。

マッチメーカーには，探索コストを低下させる，意思決定コストを低下させる，相手を監視（monitoring）するための監視コスト（surveillance costs）を下げるといった機能がある。

✥ ハ　ブ

ハブとは高いプラットフォーム介在性の高さと，コンソーシャリティーの低さによって特徴づけられる類型である。プラットフォーム介在性の高さとコンソーシャリティーの低さゆえ，そこではプラットフォームに依存した相互作用が展開されることになる。またマッチメーカーと異なり，行為者同士が直接顔を合わせることはない。

本文でも述べたように，ハブではプラットフォームが交換における中心点となり，「行為者 A とプラットフォーム」と「行為者 B とプラットフォーム」という，2 つの分離的で双方向的なフローが実現される。つまりそれぞれの行為者は，（他の行為者ではなく）プラットフォームとやりとりをすることになり，2 つの分離した相互作用によって結ばれることになる（行為者↔プラットフォーム↔行為者）。

ハブの中核機能は，当事者同士のやりとりを「集中化し標準化する」（centralize and standardize service）ことである。ただしここにおける集中化とは「中心に集める」という意味である。すなわち当事者同士のやりとりが直接的にではなく，すべて（当事者らの中心に位置する）プラットフォームを介して行われることを意味している。また直接交流することのない当事者同士が円滑にやりとりできるように，そこでのやりとりは標準化され，あらかじめ定められた手続きにしたがって行われることになる。

こうした構造によって，ハブ型プラットフォームでは対応する行為者とプラットフォームのフロー（たとえば行為者 A から見た行為者 B とプラットフォームのやりとり）を直接確認することが困難になる。

Appendix-2　水平的交換市場とソーシャル・プラットフォーム　163

図1-2においてハブには，プラットフォームを意味する「P」が行為者らの中心に書き込まれている。またそこでの両矢印は，マッチメーカーのように行為者同士を結ぶものでなく，あくまでも行為者とプラットフォームを結ぶものである（マッチメーカーの場合はプラットフォームを介しつつ，行為者間に両矢印が引かれているの対して，ハブの場合は行為者とプラットフォームの間に両矢印が引かれている）。これらはプラットフォームが行為者らの交流に深く介在していることを意味している（高プラットフォーム介在性）。またマッチメーカーと異なり，ハブの場合は行為者間に矢印が書き込まれていない。これは行為者らが直接的に交流する機会をプラットフォームが提供していないことを意味している（低コンソーシャリティー）。したがって，そこにおける行為者同士の交流は，あくまでもハブの下支えによるものであり，もし行為者同士がもともと知り合いでなければ（つまりソーシャル・グラフ関係になければ），彼らはプラットフォームを失うことで交流が困難となる。

Appendix-3　実験素材選定のための事前調査

　実験素材としてオンライン英会話スクールが妥当であるかを確認するために，事前調査を行った。この調査は首都 30 km 圏に住む満 15 歳～65 歳の一般男女個人を対象として行われたものであり，ランダムロケーション・クォータサンプリングによって対象者を抽出したうえで，調査員の訪問による質問紙の留め置き，回収調査を行い，750 名からの回答を得たものである。なお対象者の抽出は 2015 年 6 月 30 日～7 月 4 日に，回答は同年 7 月 4～15 日に行われた。

　事前調査では，実験刺激として用いる予定の英会話スクールや，英会話に関するクチコミなどについて，いくつかの質問をした。以下にその内容と分析結果を示す。

✥ インターネット・クチコミの影響

　インターネット・クチコミの影響について，以下のような質問を行った。

Q01　あなたは，いままで商品・サービスの購入や利用・契約等を決定するときに，参照したクチコミが肯定的な内容ばかりであったため，クチコミが本当であるか，疑問を感じたことがありますか？　もしある方は，どのような製品・サービスを購入・利用・契約したときだったか，右記の中から選んでください。

Q02　参照したクチコミがほとんど肯定的な内容であったため，自信を持って購入・利用等を決めたことがありますか？　もしある方は……［以下同様］

Q03　参照したクチコミに否定的なものが含まれていたため，購入・利用等を中止したことがありますか？　もしある方は……［以下同様］

　これら 3 つの質問には，それぞれ異なる測定意図が含まれている。Q01 はクチコミの肯定性が疑問を抱かせる傾向であり（肯定性→疑問），Q02 は肯定性が確信を抱かせる傾向である（肯定性→確信）。また Q03 はクチコミの否定性が購買行動を中止させる傾向である（否定性→中止）。それぞれの質問に対する回答結果を表 A-3a に示す。

　回答結果からは，とくに「コスメ・美容製品」や「飲食店・レストラン」において，オンラインでクチコミを参照した結果，その内容から購買行動に影響を受けた経験のある人が多いことがわかる。その理由としては，①これらの製品やサービス

165

表 A-3a：オンライン・クチコミの影響　　　($n = 750$)

	Q1 肯定性→疑問		Q2 肯定性→確信		Q3 否定性→中止	
	人	%	人	%	人	%
コスメ・美容製品 （化粧品・美容製品など）	174	23.2%	92	12.3%	89	11.9%
コスメ・美容サービス （ヘアサロン・エステ・理容室など）	81	10.8%	27	3.6%	37	4.9%
デジタル製品 （スマートフォン・PC・周辺機器・ソフトウェア）	103	13.7%	78	10.4%	51	6.8%
音響・映像製品 （テレビ，ビデオカメラ，デジタルカメラなど）	66	8.8%	57	7.6%	49	6.5%
その他の家電製品 （掃除機，電子レンジなど）	76	10.1%	57	7.6%	51	6.8%
ファッション・ジュエリー関連 （服・バッグ・シューズなど）	96	12.8%	62	8.3%	66	8.8%
家具・インテリア	45	6.0%	34	4.5%	34	4.5%
文具・雑貨・事務用品	24	3.2%	30	4.0%	10	1.3%
クルマ・バイク（購入）	47	6.3%	23	3.1%	13	1.7%
スポーツ健康製品 （スポーツ用品・健康食品・グッズなど）	97	12.9%	35	4.7%	37	4.9%
食品・飲料（お酒を含む）	107	14.3%	77	10.3%	57	7.6%
飲食店・レストラン	184	24.5%	107	14.3%	98	13.1%
トラベル関連 （ホテル・交通機関・旅行会社など）	110	14.7%	71	9.5%	57	7.6%
書籍・雑誌・DVD などコンテンツ	63	8.4%	67	8.9%	36	4.8%
レッスン・スクール関連 （スポーツジム・英会話・塾など）	56	7.5%	16	2.1%	26	3.5%
金融商品・金融サービス （保険商品を含む）	39	5.2%	7	0.9%	15	2.0%
病院・医療機関	78	10.4%	41	5.5%	36	4.8%
その他	11	1.5%	12	1.6%	8	1.1%
そのような経験はない	154	20.5%	221	29.5%	267	35.6%
ネット・クチコミを参照したことがない ネットを使わない	161	21.5%				

は日常的に消費されるものであり，購買・利用頻度が高いことから，クチコミを参照する機会も多いこと，②現在のインターネットでこれらに関するクチコミが多く提供されていること（たとえば飲食店・レストランについては「食べログ」，コスメ・美容製品については「＠コスメ」など）などが，理由として考えられる。

　上述した2つのカテゴリーと比べて「レッスン・スクール関連」に関しては，こうした経験があると回答した比率がそれほど高くなかった。その理由は，レッスンやスクールが日常的に消費されるサービスではないためであろう。つまり，これらに対して興味関心を抱く人は限られており，インターネットでクチコミを探索した経験のある人も少なかったのではないかという推論である。本書ではこのような考えから，実験に先立つスクリーニングの段階で，英会話スクールや英会話に関心が高い人を抽出すれば問題をクリアできると判断した。加えて，美容製品や飲食店のようにクチコミ反応が生じやすいカテゴリーでないことは，仮説が支持されやすい刺激を恣意的に選んでいないという意味でも適切だと考えた。

❖ 実在するオンライン英会話スクールについての認知度

　インターネット・クチコミの影響に加え，以下のような質問項目を用いて，実在するオンライン英会話スクールの認知度についても調査をした。

　Q04　以下のオンライン英会話の中で，知っているもの（名前を聞いたことがあるもの）を選んでください。（MA）

　調査結果は表A-3bに示したとおりである。オンライン英会話スクールの認知度は，一部の有名スクール（DMM英会話，ECCオンライン英会話，ベルリッツ）を除いて，おしなべて低いことがわかった。したがって，架空のオンライン英会話スクールを提示したとしても，このことによって実験に疑念を抱かれる可能性は低いと判断した。

　また回答項目の中に，架空のオンライン英会話スクールをいくつか含ませておいたところ，これらに対しても一定の回答があった（e英会話 7.9％，ネットde英会話 7.1％）。したがって，実験においてこのようなオンライン英会話スクール名称を用いても，実験に疑念を抱かれる可能性は低いと判断した。

Appendix-3　実験素材選定のための事前調査　167

表 A-3b：実在するオンライン英会話スクールの認知度

(*n* = 750)

助成想起	人	%
レアジョブ	14	1.9%
産経オンライン英会話	20	2.7%
DMM 英会話	170	22.7%
ベストティーチャー	15	2.0%
QQ イングリッシュ	13	1.7%
e 英会話	59	7.9%
イングリッシュベル	17	2.3%
ネット de 英会話	53	7.1%
イーフレンド	10	1.3%
アルクバーチャル英会話	18	2.4%
イングリッシュタウン	4	0.5%
ビズメイツ	5	0.7%
オンライン英会話 elto	6	0.8%
マイチューター	7	0.9%
ECC オンライン英会話	311	41.5%
オンライン英会話ジオス	88	11.7%
English Talk	4	0.5%
ベルリッツ（バーチャル・クラスルーム）	174	23.2%
iTalk English	3	0.4%
Cafetalk	12	1.6%
（無回答）	247	32.9%

（注）　太字は有名スクール，アミ掛けの部分は架空のスクール。

Appendix-4　実験の内容

Appendix-4a　ウェブ・サイトの基本構造（171 ページ）

Appendix-4b　カバー・ストーリー（4 パターン）（173 ページ）
- 「ソーシャル型・事前のブランド選択なし」条件のカバー・ストーリー
- 「ソーシャル型・事前のブランド選択あり」条件のカバー・ストーリー
- 「プロモーショナル型・事前のブランド選択なし」条件のカバー・ストーリー
- 「プロモーショナル型・事前のブランド選択なし」条件のカバー・ストーリー

Appendix-4c　英会話スクールのサイト（5 種類）（177 ページ）
- e 英会話
- ウェブレッスン英会話
- オンライン英会話
- どこでも英会話
- ネット de 英会話

Appendix-4d　クチコミ提示前説明文（4 パターン）（180 ページ）
- 「ソーシャル型・事前のブランド選択なし」条件のクチコミ提示前説明文
- 「ソーシャル型・事前のブランド選択あり」条件のクチコミ提示前説明文
- 「プロモーショナル型・事前のブランド選択なし」条件のクチコミ提示前説明文
- 「プロモーショナル型・事前のブランド選択あり」条件のクチコミ提示前説明文

Appendix-4e　クチコミ（12 種類）（182 ページ）
- 正のクチコミ（8 種類）
- 負のクチコミ（4 種類）
- クチコミ提示画面の例（4:4 条件の場合）

Appendix-4f　各質問項目（185 ページ）
- 満足（期待される満足）
- 利用意向
- クチコミ発言者との類似性

・クチコミが参考になった程度

・操作チェック 1（プラットフォームの操作の確認）

・操作チェック 2（正負バランスの操作の確認）

Appendix-4g　デブリーフィング紙（186 ページ）

Appendix-4h　会場レイアウトと実験参加者の動線（187 ページ）

Appendix-4i　実験条件に対する参加者の割り付け結果（188 ページ）

Appendix-4j　操作チェックデータの回収状況（189 ページ）

Appendix-4a：ウェブ・サイトの基本構造

事前のブランド選択なし

1. カバー・ストーリーの閲覧（SC 条件用導入文 or PR 用導入文：Appendix-4b 参照）
2. ID 入力（会場受付で渡された ID を入力）
3. 英会話スクールのサイトを閲覧（ランダム提示された 1 つのスクールのサイトを閲覧：Appendix-4c 参照）
4. クチコミ提示前説明文の閲覧（SC 条件用説明文 or PR 条件説明文：Appendix-4d 参照）
5. クチコミ閲覧（SC 条件 or PR 条件，いずれの場合もクチコミ数 8：Appendix-4e および図 3-5・図 3-6 参照）
6. クチコミが参考になった程度の回答（5 件法：Appendix-4f 参照）
7. 満足と利用意向の回答（いずれも 5 件法：Appendix-4f）
8. フェイス入力（性別と年齢）
9. クチコミ発信者との類似性の回答（5 件法：Appendix-4f）

事前のブランド選択あり

1. カバー・ストーリーの閲覧（SC 条件用導入文 or PR 条件用導入文：Appendix-4b 参照）
2. ID 入力（会場受付で渡された ID を入力）
3. 英会話スクールのサイトを閲覧（5 つのスクールのサイトすべてを閲覧：Appendix-4c 参照）
4. 事前選択行動（利用してみたいスクールを 1 つ選択：図 3-4 参照）
5. クチコミ提示前説明文の閲覧（SC 条件用説明文 or PR 条件説明文：Appendix-4d 参照）
6. クチコミ閲覧（SC 条件 or PR 条件，いずれの場合もクチコミ数 8：Appendix-4e および図 3-5・図 3-6 参照）
7. クチコミが参考になった程度の回答（5 件法：Appendix-4f 参照）
8. 満足と利用意向回答（いずれも 5 件法：Appendix-4f）
9. フェイス入力（性別と年齢）
10. クチコミ発信者との類似性の回答（5 件法：Appendix-4f）

いずれの場合も，上述したウェブ・サイトを用いた実験の後で，質問紙法による

操作チェック（Appendix-4f）を行い，さらに会場出口で謝礼とともにデブリーフィング紙（Appendix-4g）を配布した。

Appendix-4b：カバー・ストーリー（4 パターン）

「ソーシャル型・事前のブランド選択なし」条件のカバー・ストーリー

これからご覧いただくのは，日本への進出を検討している，海外の英会話スクールのウェブ・サイトです。このスクールは，非英語圏を中心に，世界各国でオンライン英会話スクールを運営しています。

このたび，日本でオンライン英会話スクールを開校するために，日本向けのサイトを作成したところです。ぜひ，みなさまからご意見をいただければ幸いです。

ご覧いただくサイトの説明文や写真などは，どれも日本向けに新たに作成したものです。また画面に表示されるスクール名は，すべて仮のものです。（本当のスクール名ではありません）

ただし，後ほどご覧いただく「受講者のコメント」は，英会話スクールとは関係のない海外のクチコミ・サイトに投稿されたものを翻訳したものです。（日本向けに新たに作成したものではありません。）

なお今回のアンケートでは，みなさまの回答の仕方（しっかり文章を読んでいるか，よく考えて回答しているか，など）についても，独自のシステムを用いて測定しております。このシステムにもとづいて，じっくりとお時間をかけ，内容をよく検討したうえでご回答された方には，抽選でプレゼントをご用意しております。

どうぞよろしくお願いいたします。

「ソーシャル型・事前のブランド選択あり」条件のカバー・ストーリー

これからご覧いただくのは，日本への進出を検討している，複数の海外の英会話スクールのウェブ・サイトです。これらのスクールは，非英語圏を中心に，世界各国でオンライン英会話スクールを運営しています。

このたび，日本でもオンライン英会話スクールを開校するために，日本向けのサイトを作成したところです。ぜひ，みなさまからご意見をいただければ幸いです。

今回のアンケートでは，5つの英会話スクールから，みなさまが利用してみたいと感じられるスクールを1つ選んで，ご意見をいただくことになります。

ご覧いただくサイトの説明文や写真などは，どれも日本向けに新たに作成したものです。また画面に表示されるスクール名は，すべて仮のものです。（本当のスクール名ではありません）

ただし，後ほどご覧いただく「受講者のコメント」は，英会話スクールとは関係のない海外のクチコミ・サイトに投稿されたものを翻訳したものです。（日本向けに新たに作成したものではありません。）

なお今回のアンケートでは，みなさまの回答の仕方（しっかり文章を読んでいるか，よく考えて回答しているか，など）についても，独自のシステムを用いて測定しております。このシステムにもとづいて，じっくりとお時間をかけ，内容をよく検討したうえでご回答された方には，抽選でプレゼントをご用意しております。

どうぞよろしくお願いいたします。

「プロモーショナル型・事前のブランド選択なし」条件のカバー・ストーリー

これからご覧いただくのは，日本への進出を検討している，海外の英会話スクールのウェブ・サイトです。このスクールは，非英語圏を中心に，世界各国でオンライン英会話スクールを運営しています。

このたび，日本でオンライン英会話スクールを開校するために，日本向けのサイトを作成したところです。ぜひ，みなさまからご意見をいただければ幸いです。

ご覧いただくサイトの説明文や写真などは，どれも日本向けに新たに作成したものです。また画面に表示されるスクール名は，すべて仮のものです。（本当のスクール名ではありません）

ただし，後ほどご覧いただく「受講者のコメント」は，現在すでにある英会話スクールの海外の公式サイトに書き込まれた本当のコメントを翻訳したものです。（日本向けに新たに作成したものではありません。）

なお今回のアンケートでは，みなさまの回答の仕方（しっかり文章を読んでいるか，よく考えて回答しているか，など）についても，独自のシステムを用いて測定しております。このシステムにもとづいて，じっくりとお時間をかけ，内容をよく検討したうえでご回答された方には，抽選でプレゼントをご用意しております。

どうぞよろしくお願いいたします。

Appendix-4　実験の内容　175

「プロモーショナル型・事前のブランド選択あり」条件のカバー・ストーリー

これからご覧いただくのは，日本への進出を検討している，複数の海外の英会話スクールのウェブ・サイトです。これらのスクールは，非英語圏を中心に，世界各国でオンライン英会話スクールを運営しています。

このたび，日本でもオンライン英会話スクールを開校するために，日本向けのサイトを作成したところです。ぜひ，みなさまからご意見をいただければ幸いです。

今回のアンケートでは，5つの英会話スクールから，みなさまが利用してみたいと感じられるスクールを1つ選んで，ご意見をいただくことになります。

ご覧いただくサイトの説明文や写真などは，どれも日本向けに新たに作成したものです。また画面に表示されるスクール名は，すべて仮のものです。(本当のスクール名ではありません)

ただし，後ほどご覧いただく「受講者のコメント」は，現在すでにある英会話スクールの海外の公式サイトに書き込まれた本当のコメントを翻訳したものです。(日本向けに新たに作成したものではありません。)

なお今回のアンケートでは，みなさまの回答の仕方 (しっかり文章を読んでいるか，よく考えて回答しているか，など) についても，独自のシステムを用いて測定しております。このシステムにもとづいて，じっくりとお時間をかけ，内容をよく検討したうえでご回答された方には，抽選でプレゼントをご用意しております。

どうぞよろしくお願いいたします。

Appendix-4c：英会話スクールのサイト（5種類）

ウェブレッスン英会話

ネットde英会話

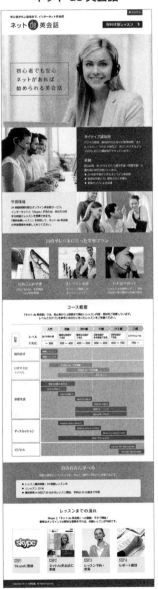

Appendix-4 実験の内容　177

どこでも英会話　　オンライン英会話

Appendix-4 実験の内容

Appendix-4d：クチコミ提示前説明文（4 パターン）

「ソーシャル型・事前のブランド選択なし」条件のクチコミ提示前説明文
ここまで，英会話スクールのウェブ・サイト（日本語版公式サイト）をご覧いただきました。

ご協力ありがとうございます。

さて，最近では日本にも数多くのクチコミ・サイトがありますが，海外にも同様に，自由に書き込みのできるクチコミ・サイトが数多く存在します。

これからご覧いただくコメントは，あなたにご覧いただいたスクールを実際に受講した人たちが，「スクールとは関係のないクチコミ・サイト」に残したコメントの一部です。

数多くのクチコミから，コンピュータでランダムに 8 つのクチコミをピックアップしました。色々な意見が記載されていますので，少し時間をかけて，ご覧ください。

「ソーシャル型・事前のブランド選択あり」条件のクチコミ提示前説明文
ここまで，英会話スクールのウェブ・サイト（日本語版公式サイト）をご覧いただきました。

ご協力ありがとうございます。

さて，最近では日本にも数多くのクチコミ・サイトがありますが，海外にも同様に，自由に書き込みのできるクチコミ・サイトが数多く存在します。

これからご覧いただくコメントは，あなたが選んだスクールを実際に受講した人たちが，「スクールとは関係のないクチコミ・サイト」に残したコメントの一部です。

数多くのクチコミから，コンピュータでランダムに 8 つのクチコミをピックアップしました。色々な意見が記載されていますので，少し時間をかけて，ご覧ください。

「プロモーショナル型・事前のブランド選択なし」条件のクチコミ提示前説明文
ここまで，英会話スクールのウェブ・サイト（日本語版公式サイト）をご覧いただきました。

ご協力ありがとうございます。

さて，最近では日本でも企業や店，施設などのウェブ・サイトに，数多くのクチコミが投稿されるようになりましたが，海外にも同様に，自由にクチコミを書き込みできるスペースを設けている企業や店，施設などが数多く存在します。

これからご覧いただくコメントは，あなたにご覧いただいたスクールを実際に受講した人たちが，「スクールのウェブ・サイト（公式サイト）」に残したコメントの一部です。

数多くのクチコミから，コンピュータでランダムに8つのクチコミをピックアップしました。色々な意見が記載されていますので，少し時間をかけて，ご覧ください。

「プロモーショナル型・事前のブランド選択あり」条件のクチコミ提示前説明文
ここまで，英会話スクールのウェブ・サイト（日本語版公式サイト）をご覧いただきました。

ご協力ありがとうございます。

さて，最近では日本でも企業や店，施設などのウェブ・サイトに，数多くのクチコミが投稿されるようになりましたが，海外にも同様に，自由にクチコミを書き込みできるスペースを設けている企業や店，施設などが数多く存在します。

これからご覧いただくコメントは，あなたが選んだスクールを実際に受講した人たちが，「スクールのウェブ・サイト（公式サイト）」に残したコメントの一部です。

数多くのクチコミから，コンピュータでランダムに8つのクチコミをピックアップしました。色々な意見が記載されていますので，少し時間をかけて，ご覧ください。

Appendix-4e：クチコミ（12種類）

正のクチコミ（8種類）

お勧め度：★★★★★
ビジネス英会話のレッスンを受講するということで，聞きなれないフレーズが出てきたらどうしようと不安でした。でも，Skype のチャット機能が，コミュニケーションのサポートをしてくれるので，安心して受講をすることができました。

お勧め度：★★★★★
講師の人気ランキングや，予約状況が見やすかったです。スマホからでも，人気のある講師を簡単に予約できました。

お勧め度：★★★★★
リスニングとスピーキングに緊張する事がなくなり，英会話への気負いがなくなりました。講師の方もとても親切で，楽しく受講できました。

お勧め度：★★★★★
グループレッスンという環境で，自分自身のことや経験したことを自分で考えて答えることがとても役に立ちました。今後の海外旅行が楽しみになりました。

お勧め度：★★★★☆
人前で英語を話すのが苦手な私でも，自宅でオンラインレッスンなので，「間違っても恥ずかしくない」というのが大きかったですね。恥ずかしがらずに話していたら，いつの間にか英語を発音するのが楽しくなりました。

お勧め度：★★★★☆
講師に「なまり」がないか，すべての講師について，事前に動画でチェックできました。安心して講師を選べたので，満足してます。

お勧め度：★★★★☆
仕事の都合もあって，早朝レッスンで英会話レッスンをとりいれました。目覚ましの代わりにもなり，リフレッシュした頭でできたせいか，思った以上に向上できました。

お勧め度：★★★★☆
24 時間学習可能であるという点は，自分の仕事との両立において重要な条件となっています。私は出張が非常に多く，決まった時間が割けない私にとって，学習の自由さが最高です。

負のクチコミ（4 種類）

お勧め度：★★☆☆☆
他のオンラインレッスンからこちらに代えて受講したものです。やる気のない講師がいて，以前利用したスクールの方が効果がありました。残念です。

お勧め度：★★☆☆☆
ネットで見つけてこのスクールを受講してみたのですが，映像や音声が悪くて，レッスンを受けづらかったです。

お勧め度：★★☆☆☆
講師は自宅にいるらしく，後ろから，子供の声やテレビの音などが聞こえてきました。レッスンがやりにくかったです。やっぱり，オンライン英会話でなく，ちゃんと教室に通った方がよかったです。

お勧め度：★☆☆☆☆
オンラインで学習できる魅力はあったのですが，実際に受講してみると，講師ばかりが一方的に話しつづけて，会話の練習にならないことが多かったです。

Appendix-4 実験の内容 183

クチコミ提示画面の例（4:4 条件の場合）

K.Iさん　お勧め度：★★★★★

ビジネス英会話のレッスンを受講するということで、聞きなれないフレーズが出てきたらどうしようと不安でした。でも、Skype のチャット機能が、コミュニケーションのサポートをしてくれるので、安心して受講をすることができました。

S.Sさん　お勧め度：★☆☆☆☆

オンラインで学習できる魅力はあったのですが、実際に受講してみると、講師ばかりが一方的に話しつづけて、会話の練習にならないことが多かったです。

T.Sさん　お勧め度：★★☆☆☆

他のオンラインレッスンからこちらに代えて受講したものです。やる気のない講師がいて、以前利用したスクールの方が効果がありました。残念です。

A.Tさん　お勧め度：★★★★☆

24時間学習可能であるという点は、自分の仕事との両立において重要な条件となっています。私は出張が非常に多く、決まった時間が割けない私にとって、学習の自由さが最高です。

T.Mさん　お勧め度：★★★★★

講師の人気ランキングや、予約状況が見やすかったです。スマホからでも、人気のある講師を簡単に予約できました。

T.Yさん　お勧め度：★★☆☆☆

講師は自宅にいるらしく、後ろから、子供の声やテレビの音などが聞こえてきました。レッスンがやりにくかったです。やっぱり、オンライン英会話でなく、ちゃんと教室に通った方がよかったです。

A.Sさん　お勧め度：★★★★★

リスニングとスピーキングに緊張する事がなくなり、英会話への気負いがなくなりました。講師の方もとても親切で、楽しく受講できました。

A.Mさん　お勧め度：★★☆☆☆

ネットで見つけてこのスクールを受講してみたのですが、映像や音声が悪くて、レッスンを受けづらかったです。

Appendix-4f：各質問項目

満足（期待される満足）
もしこのスクールのレッスンを受講したら，どの程度満足できると思いますか？
「とても満足できるだろう」〜「まったく満足できないだろう」の5件法

利用意向
このスクールのレッスンをどのくらい受講してみたいと思いますか？
「とても受講してみたい」〜「まったく受講してみたくない」の5件法

クチコミ発信者との類似性
実際に受講した人たちの好みには，あなた自身の好みと共通点があると感じましたか？
「とても共通点があった」〜「まったく共通点がなかった」の5件法

クチコミが参考になった程度
これらのコメントは，スクール選びの参考になると思いますか？
「とても参考になる」〜「まったく参考にならない」の5件法

（上記4項目はウェブ・サイトへの入力によってデータを収集した）

操作チェック1（プラットフォームの操作の確認）
ご覧になったクチコミは「英会話学校のサイト」に書いてあったでしょうか，「英会話学校とは関係のないサイト」に書いてあったでしょうか。

操作チェック2（正負バランスの操作の確認）
ご覧になったクチコミに，評価の低いクチコミはあったと思いますか。

（操作チェックは，実験終了後に質問紙法によって行った）

Appendix-4g：デブリーフィング紙

アンケートにご協力いただきましたみなさまへ

　本日はお忙しいところ、アンケートにご協力いただき、大変ありがとうございました。本日ご参加いただいたアンケートは、純粋に学術的な目的で行われた心理調査であったことをご連絡申しあげます。みなさまにご覧いただきました英会話スクール（日本に進出を検討している海外の英会話スクール）は、いずれも仮想の企業であり、実際には存在いたしません。また、ご覧いただきましたコメント（クチコミ）も、すべて本物ではありません。

　アンケートの冒頭で、実際の企業であるとか、本当のクチコミであるといった虚偽の説明をさしあげたことについて、お詫びを申し上げます。これは心理学の研究において用いられる「デセプション」とよばれる方法で、より積極的にご回答いただくための工夫です。

　みなさまのご回答は、私たち人間が他者の情報（クチコミ）からどのような影響を受けやすいかを解明するためにのみ使用いたします。

　本日は本当にありがとうございました。

2016 年 5 月

青山学院大学 経営学部 教授　久保田進彦

学習院大学 国際社会科学部 教授　澁谷覚

Appendix-4h：会場レイアウトと実験参加者の動線

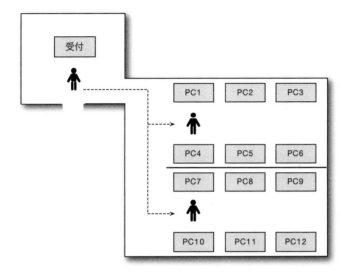

Appendix-4 実験の内容

Appendix-4i：実験条件に対する参加者の割り付け結果

| | | ソーシャル型 プラットフォーム条件 | | | | プロモーショナル型 プラットフォーム条件 | | | | 合　計 |
| | | 事前選択なし | | 事前選択あり | | 事前選択なし | | 事前選択あり | | |
		4:4 ①	8:0 ②	4:4 ③	8:0 ④	4:4 ⑤	8:0 ⑥	4:4 ⑦	8:0 ⑧	
	度数	60	59	56	60	58	59	59	60	471
	%	13%	13%	12%	13%	12%	13%	13%	13%	
性別	男性	30	31	28	28	27	30	29	29	232
	%	13%	13%	12%	12%	12%	13%	13%	13%	(49%)
	女性	30	28	28	32	31	29	30	31	239
	%	13%	12%	12%	13%	13%	12%	13%	13%	(51%)
年齢	20代	16	15	12	15	15	14	16	14	117
	%	14%	13%	10%	13%	13%	12%	14%	12%	(25%)
	30代	15	15	14	15	13	14	15	16	117
	%	13%	13%	12%	13%	11%	12%	13%	14%	(25%)
	40代	16	15	15	13	16	16	13	14	118
	%	14%	13%	13%	11%	14%	14%	11%	12%	(25%)
	50代	6	11	11	10	4	11	8	9	70
	%	9%	16%	16%	14%	6%	16%	11%	13%	(15%)
	60代	7	3	4	7	10	4	7	7	49
	%	14%	6%	8%	14%	20%	8%	14%	14%	(10%)
学歴	大卒以上	37	40	37	41	30	34	39	43	301
	%	12%	13%	12%	14%	10%	11%	13%	14%	(64%)
	大卒未満	23	19	18	19	28	25	20	17	169
	%	14%	11%	11%	11%	17%	15%	12%	10%	(36%)

Appendix-4j：操作チェックデータの回収状況

	ソーシャル型 プラットフォーム条件				プロモーショナル型 プラットフォーム条件				合　計
	なし		あり		なし		あり		
	4:4 ①	8:0 ②	4:4 ③	8:0 ④	4:4 ⑤	8:0 ⑥	4:4 ⑦	8:0 ⑧	
実験参加者	60	59	56	60	58	59	59	60	471
（構成比）	13%	13%	12%	13%	12%	13%	13%	13%	
操作チェック回答者	49	48	46	50	48*	47	48	49	385
（構成比）	13%	12%	12%	13%	12%	12%	12%	13%	(82%)

（注）　＊操作チェック1では「プロモーショナル型／4:4／事前選択なし」条件の回答者が47名だった。

参 考 文 献

外国語文献（アルファベット順）

Arndt, Johan (1967), "Role of Product-Related Conversations in the Diffusion of a New Product," *Journal of Marketing Research*, 4(3), 291-295.

Aron, Arthur, Debra Mashek, Tracy McLaughlin-Volpe, Stephen Wright, Gary Lewandowski, and Elaine Nancy Aron (2005), "Including Close Others in the Cognitive Structure of the Self," in *Interpersonal Cognition*. Mark W. Baldwin, ed. New York, NY: Guilford Press, 206-232.

Asch, Solomon E. (1946), "Forming Impressions of Personality," *Journal of Abnormal and Social Psychology*, 41(3), 258-290.

———— (1951), "Effects of Group Pressure upon the Modification and Distortion of Judgment," in *Groups, Leadership and Men: Research in Human Relations*. Harold Steere Guetzkow, ed. Oxford, UK: Carnegie Press, 177-190.

Bagozzi, Richard P. (2000), "On the Concept of Intentional Social Action in Consumer Behavior," *Journal of Consumer Research*, 27(3), 388-396.

Baron, Reuben M. and David A. Kenny (1986), "The Moderator-Mediator Variable Distinction in Social Psychological Research: Conceptual, Strategic, and Statistical Considerations," *Journal of Personality and Social Psychology*, 51(6), 1173-1182.

Bickart, Barbara and Robert M. Schindler (2001), "Internet Forums as Influential Sources of Consumer Information," *Journal of Interactive Marketing*, 15(3), 31-40.

Bishop, George F., Robert W. Oldendick, and Alfred J. Tuchfarber (1982), "Effects of Presenting One Versus Two Sides of an Issue in Survey Questions," *Public Opinion Quarterly*, 46(1), 69-85.

Bither, Stewart W. and Peter Wright (1977), "Preferences Between Product Consultants: Choices vs. Preference Functions," *Journal of Consumer Research*, 4(1), 39-47.

Bone, Paula Fitzgerald (1995), "Word-of-Mouth Effects on Short-term and Long-term Product Judgments," *Journal of Business Research*, 32(3), 213-223.

Boush, David M., Marian Friestad, and Peter Wright (2009), *Deception in the Marketplace: The Psychology of Deceptive Persuasion and Consumer Self-Protection*. New York: Routledge.（邦訳）安藤清志・今井芳昭監訳『市場におけ

る欺瞞的説得：消費者保護の心理学』，誠信書房，2011 年

Brown, Jacqueline Johnson and Peter H. Reingen (1987), "Social Ties and Word-of-Mouth Referral Behavior," *Journal of Consumer Research*, 14(3), 350–362.

Brown, W. J., M. Bocarnea, and M. Basil (2002), "Fear, Grief, and Sympathy Responses to the Attacks," in *Communication and Terrorism: Public and Media Responses to 9/11*. Bradley. S. Greenberg, ed. Cresskill, NJ: Hampton Press, 245–259.

Bruner, Jerome S. (1957), "On Perceptual Readiness," *Psychological Review*, 64(2), 123–152.

————— (1958), "Social Psychology and Perception," in *Readings in Social Psychology*. Eleanor E. Maccoby, T. M. Newcomb, and E. L. Hartley, eds. New York, NY: Holt, Rinehart and Winston.

Burt, Ronald S. (1992), *Structural Holes: The Social Structure of Competition*. MA: Harvard University Press. （邦訳）安田雪訳『競争の社会的構造：構造的空隙の理論』，新曜社，2006 年

Day, George S. (1971), "Attitude Change, Media and Word-of-Mouth," *Journal of Advertising Research*, 11(6), 31–40.

DeRosa, Christopher S. (2006), *Political Indoctrination in the U.S. Army from World War II to the Vietnam War*. Lincoln, NE: University of Nebraska Press.

Doh, Sun-Jae and Jang-Sun Hwang (2009), "How Consumers Evaluate eWOM (Electronic Word-of-Mouth) Messages," *Cyberpsychology and Behavior*, 12(2), 193–197.

Engel, James F., Roger D. Blackwell, and Robert J. Kegerreis (1969), "How Information is Used to Adopt an Innovation," *Journal of Advertising Research*, 9(4), 3–8.

—————, Robert J. Kegerreis, and Roger D. Blackwell (1969), "Word-of-Mouth Communication by the Innovator," *Journal of Marketing*, 33(3), 15–19.

Feldman, Sidney P. and Merlin C. Spencer (1965), "The Effect of Personal Influence in the Selection of Consumer Services," in *Proceedings of the Fall Conference of the American Marketing Association*. P. D. Bennett, ed. Chicago, IL: American Marketing Association, 440–452.

Festinger, Leon (1957), *A Theory of Cognitive Dissonance*. Stanford, CA: Stanford University Press. （翻訳）末永俊郎監訳『認知的不協和の理論：社会心理学序説』，誠信書房，1965 年

Freeman, Linton C. (1977), "A Set of Measures of Centrality Based on Betweenness," *Sociometry*. 40(1), 35–41.

Frey, Dieter (1981), "Postdecisional Preference for Decision-Relevant Information as a Function of the Competence of Its Source and the Degree of Familiarity with this Information," *Journal of Experimental Social Psychology*, 17(1), 51–67.

———— (1986), "Recent Research on Selective Exposure to Information," in *Advances in Experimental Social Psychology, Vol.19*. L. Berkowitz, ed. New York, NY: Academic Press, 41–80.

Gatignon, Hubert (2016), "Manipulating Consumers is Not Marketing," *INSEAD Knowledge*, May 3, 2016, Retrieved from https://knowledge.insead.edu/customers/manipulating-consumers-is-not-marketing-4662 [accessed August 10, 2018].

Gauri, Dinesh K., Amit Bhatnagar, and Raghav Rao (2008), "Role of Word of Mouth in Online Store Loyalty," *Communications of the ACM*, 51(3), 89–91.

Goethals, George R. and R. Eric Nelson (1973), "Similarity in the Influence Process: The Belief-Value Distinction," *Journal of Personality and Social Psychology*, 25(1), 117–122.

Granovetter, Mark S. (1973), "The Strength of Weak Ties," *The American Journal of Sociology*, 78(6), 1360–1380.

Hale, Jerold L., Paul A. Mongeau, and Randi M. Thomas (1991), "Cognitive Processing of One- and Two-sided Persuasive Messages," *Western Journal of Speech Communication*, 55(4), 380–389.

Heinonen, Kristina (2011), "Consumer Activity in Social Media: Managerial Approaches to Consumers' Social Media Behavior," *Journal of Consumer Behavior*, 10(6), 356–364.

Higgins, E. Tory, William S. Rholes, and Carl R. Jones (1977), "Category Accessibility and Impression Formation," *Journal of Experimental Social Psychology*, 13(2), 141–154.

Hoffman, Donna L. and Thomas P. Novak (1996), "Marketing in Hypermedia Computer-Mediated Environments: Conceptual Foundations," *Journal of Marketing*, 60(3), 50–68.

Hovland, Carl I., Arthur A. Lumsdaine, and Fred D. Sheffield (1949), *Experiments on Mass Communication*. Princeton, NJ: Princeton University Press.

———— , Irving L. Janis, and Harold H. Kelley (1953), *Communication and Per-*

suasion: Psychological Studies of Opinion Change. New Haven, CT: Yale University Press.

———— and Walter Weiss (1951), "The Influence of Source Credibility on Communication Effectiveness," *Public Opinion Quarterly,* 15(4), 635–650.

Johnston, Lucy (1996), "Resisting Change: Information-Seeking and Stereotype Change," *European Journal of Social Psychology,* 26(5), 799–825.

Jonas, Eva, Stefan Schulz-Hardt, Dieter Frey, and Norman Thelen (2001), "Confirmation Bias in Sequential Information Search After Preliminary Decisions: An Expansion of Dissonance Theoretical Research on Selective Exposure to Information," *Journal of Personality and Social Psychology,* 80(4), 557–571.

Katz, Elihu and Paul F. Lazarsfeld (1955), *Personal Influence: The Part Played by People in the Flow of Mass Communications.* New York, NY: Free Press. (邦訳) 竹内郁郎訳『パーソナル・インフルエンス：オピニオン・リーダーと人びとの意思決定』, 培風館, 1965 年

Keller, Ed and Brad Fay (2012), *The Face-to-Face Book: Why Real Relationships Rule in a Digital Marketplace.* New York: Free Press. (邦訳) 澁谷覚・久保田進彦・須永努訳『フェイス・トゥ・フェイス・ブック：クチコミ・マーケティングの効果を最大限に高める秘訣』, 有斐閣, 2016 年

Kelley, Harold H. (1950), "The Warm-Cold Variable in First Impressions of Persons," *Journal of Personality,* 18(4), 431–439.

———— (1972), *Causal Schema and the Attribution Process.* New York, NY: General Learning Press.

Kelman, Herbert C. (1961), "Processes of Opinion Change," *Public Opinion Quarterly,* 25, 57–78.

Klein, Lisa R. and Gary T. Ford (2003), "Consumer Search for Information in the Digital Age: An Empirical Study of Prepurchase Search for Automobiles," *Journal of Interactive Marketing,* 17(3), 29–49.

Kozinets, Robert V. (2002), "The Field Behind the Screen: Using Netnography for Marketing Research in Online Communities," *Journal of Marketing Research,* 39(1), 61–72.

Lasswell, Harold D. (1948), "The Structure and Function of Communication in Society," in *Religion and Civilization Series: Vol. 3, The Communication of Ideas.* Lyman Bryson, ed. New York, NY: Harper & Bros, 37–51.

Lazarsfeld, Paul F., Bernard Berelson, and Hazel Gaudet (1944), *The People's Choice: How the Voter Makes Up His Mind in a Presidential Campaign.* New

York, NY: Duell, Sloan and Pearce.（邦訳）有吉広介監訳，時野谷浩ほか訳『ピープルズ・チョイス：アメリカ人と大統領選挙』，芦書房，1987 年［ただし邦訳の下本は 1968 年に Columbia Paperback Edition として刊行された Third Edition である］

Lee, Jumin, Do-Hyung Park, and Ingoo Han（2008），"The Effect of Negative Online Consumer Reviews on Product Attitude: An Information Processing View," *Electronic Commerce Research and Applications*, 7(3), 341–352.

———— and Seounmi Youn（2009），"Electronic Word of Mouth（eWOM）: How eWOM Platforms Influence Consumer Product Judgement," *International Journal of Advertising*, 28(3), 473–499.

Lim, Young-Shin and Brandon Van Der Heide（2015），"Evaluating the Wisdom of Strangers: The Perceived Credibility of Online Consumer Reviews on Yelp," *Journal of Computer-Mediated Communication*, 20(1), 67–82.

Lundgren, Sharon R. and Radmila Prislin（1998），"Motivated Cognitive Processing and Attitude Change," *Personality and Social Psychology Bulletin*, 24(7), 715–726.

McGuire, William J.（1969），"The Nature of Attitudes and Attitude Change," in *The Handbook of Social Psychology（2nd ed., Vol. 3), The Individual in a Social Context*. G. Lindzey and E. Aronson, eds. Reading, MA: Addison-Wesley, 136–314.

Mizerski, Richard W.（1982），"An Attribution Explanation of the Disproportionate Influence of Unfavorable Information," *Journal of Consumer Research*, 9(3), 301–310.

Nemeth, Charlan and John Rogers（1996），"Dissent and the Search for Information," *British Journal of Social Psychology*, 35(1), 67–76.

Newhagen, John and Clifford Nass（1989），"Differential Criteria for Evaluating Credibility of Newspapers and TV News," *Journalism and Mass Communication Quarterly*, 66(2), 277–284.

Noelle-Neumann, Elisabeth（1984），*The Spiral of Silence: Public Opinion - Our Social Skin*. Chicago, IL: University of Chicago Press.（邦訳）池田謙一訳『沈黙の螺旋理論：世論形成過程の社会心理学』，ブレーン出版，1988 年

Perren, Rebeca and Robert V. Kozinets（2018），"Lateral Exchange Markets: How Social Platforms Operate in a Networked Economy," *Journal of Marketing*, 82(1), 20–36.

Petty, Richard E. and John T. Cacioppo（1981），*Attitudes and Persuasion: Classic and Contemporary Approaches.* Dubuque, IA: W. C. Brown.

———— and ———— (1986), "The Elaboration Likelihood Model of Persuasion," in *Advances in Experimental Social Psychology, Vol. 19.* Leonard Berkowitz, ed. New York, NY: Academic Press, 123–205.

————, ————, and David Schumann (1983), "Central and Peripheral Routes to Advertising Effectiveness: The Moderating Role of Involvement," *Journal of Consumer Research,* 10(2), 135–146.

Pinkley, Robin L., Terri L. Griffith, and Gregory B. Northcraft (1995), "'Fixed Pie' a la Mode: Information Availability, Information Processing, and the Negotiation of Suboptimal Agreements," *Organizational Behavior and Human Decision Processes,* 62(1), 101–112.

Pollitt, Chad (2014), "Content Curation and the Interest Graph: Delivering Context to the Consumer," *The Huffington Post,* March 23, 2014, Retrieved from http://www.huffingtonpost.com/chad-pollitt/content-curation-and-the-_b_4619375.html [accessed August 10, 2018].

Price, Linda L. and Lawrence F. Feick (1984), "The Role of Interpersonal Sources in External Search: An Informational Perspective," in *Advances in Consumer Research, Vol. 11,* Thomas C. Kinnear, ed. Ann Arbor, MI: Association for Consumer Research, 250–255.

Rashad, Moataz (2012), "5 Key Components of a Successful Interest Graph," *Mashable,* February 21, 2012, Retrieved from https://mashable.com/2012/02/21/interest-graph/ [accessed August 10, 2018].

Reagans, Ray (2011), "Close Encounters: Analyzing How Social Similarity and Propinquity Contribute to Strong Network Connections," *Organization Science,* 22(4), 835–849.

Rouse, Margaret (2010), "Social Graph," *WhatIs.com,* September, 2010, Retrieved from http://whatis.techtarget.com/definition/social-graph [accessed August 10, 2018].

rr11 (2011), "How the Interest Graph Will Shape the Future of the Web," *MIT Entrepreneurship Review,* April 1, 2011, retrieved from http://miter.mit.edu/articlehow-interest-graph-will-shape-future-web/ [accessed August 10, 2018].

Schindler, Robert M. and Barbara Bickart (2005), "Published Word of Mouth: Referable, Consumer-Generated Information on the Internet," in *Online Consumer Psychology: Understanding and Influencing Consumer Behavior in the Virtual World.* Curtis P. Haugtvedt, Karen A. Machleit and Richard F. Yalch, eds. Mahwah, NJ: Lawrence Erlbaum Associates, 35–61.

Sen, Shahana and Dawn Lerman (2007), "Why Are You Telling Me This? An Examination into Negative Consumer Reviews on the Web," *Journal of Interactive Marketing*, 21(4), 76–94.

Sheth, Jagdish N. (1971), "Word-of-Mouth in Low-Risk Innovations," *Journal of Advertising Research*, 11(3), 15–18.

Webster, Frederick E. Jr. (1970), "Informal Communication in Industrial Markets," *Journal of Marketing Research*, 7(2), 186–189.

Williamson, Oliver E. (1975), *Markets and Hierarchies: Analysis and Antitrust Implications*. New York, NY: Free Press. (邦訳) 浅沼萬里・岩崎晃訳『市場と企業組織』, 日本評論社, 1980 年

日本語文献 (五十音順)

浅谷公威・鳥海不二夫・大橋弘忠 (2015), 「コミュニティ間における多面性と意見形成：マルチプレックスネットワーク上のコンフリクトと意見形成ダイナミクス」,『人工知能学会論文誌』, 30(5), 658–666

小川祐樹・山本仁志・宮田加久子 (2014), 「Twitter における意見の多数派認知とパーソナルネットワークの同質性が発言に与える影響：原子力発電を争点とした Twitter 上での沈黙の螺旋理論の検証」,『人工知能学会論文誌』, 29(5), 483–492

久保田進彦 (2012),『リレーションシップ・マーケティング：コミットメント・アプローチによる把握』, 有斐閣

───・澁谷覚・須永努 (2013),『はじめてのマーケティング』, 有斐閣

澁谷覚 (2011), 「クチコミの有用性：購買シミュレーションとしてのネットクチコミ」,『日経広告研究所報』, 45(3), 11–18

─── (2012), 「ネット上の他者経験による質的影響と量的影響の比較」,『第44回消費者行動研究コンファレンス』, 91–92

─── (2013),『類似性の構造と判断：他者との比較が消費者行動を変える』, 有斐閣

─── (2017), 「知らない他者とのコミュニケーション：オフラインとオンラインにおけるインタレストグラフの役割」,『季刊マーケティングジャーナル』, 36(3), 23–36

立本博文 (2017),『プラットフォーム企業のグローバル戦略：オープン標準の戦略的活用とビジネス・エコシステム』, 有斐閣

外山みどり (1989), 「帰属過程」, 大坊郁夫・安藤清志・池田謙一編『社会心理学

パースペクティブ1：個人から他者へ』，誠心書房，41-60

深田博己 (1999)，「コミュニケーションの対人心理学」，深田博己編著『コミュニケーション心理学：心理学的コミュニケーション論への招待』，北大路書房，112-127

水本篤・竹内理 (2008)，「研究論文における効果量の報告のために：基本的概念と注意点」，『英語教育研究』（関西英語教育学会紀要），31，57-66

―――――・竹内理 (2011)，「効果量と検定力分析入門：統計的検定を正しく使うために」，『より良い外国語教育のための方法』（外国語教育メディア学会　関西支部メソドロジー研究部会　2010年度部会報告論集），47-73

村山航 (2009)，「媒介分析・マルチレベル媒介分析」retrieved from http://koumurayama.com/koujapanese/mediation.pdf［accessed August 10, 2018］

あ と が き

　本書は，好ましいクチコミが増加しているにもかかわらず評価が高まらないという「疑念効果」を中心に議論をすすめてきた。序章でも述べたように，疑念効果は，きわめて自然で一般的な現象でありながら，明示的に検討されてこなかった現象である。

　私たちがこの現象に関心を持つきっかけになったのは，杉谷陽子先生（上智大学経済学部教授）が主催された，ある小さな研究会でのことだった。杉谷先生は，本書の執筆者である久保田と澁谷の以前からの友人であり，ときおり研究仲間を集めて質の高い研究会を企画してくださる。

　その日の研究会では，ある若い研究者による報告が行われた。緻密な議論にもとづき，いくつかの仮説が提示され，慎重な計画のもとで実験が行われたが，残念なことに分析結果は仮説と食い違うものだった。

　若手研究者の報告が終わり，参加者全員で議論をしていると，澁谷が「実は，自分も同じような実験をしたことがあるが，これと異なる結果が得られた経験がある」という発言をした。両者の実験結果を照らし合わせてみたところ，確かにまったく違う結果が示されていた。他方，久保田は澁谷の発言を聞きながら，いくつかの変数を組みあわせると2つの実験結果に整合性が得られることに気がついた。澁谷の経験と久保田のアイディアが結びつくことで，「疑念効果」という考えが誕生した瞬間であった。

　それから間もなく，久保田と澁谷は，この課題に共同で取り組むことになった。二人が共同研究をするのは初めてだったが，以前から親交が深かったこともあり，実に楽しく作業を進めることができた。

　こうして研究を始めてから本書の完成に至るまで，約4年の時間が経過した。研究開始当初，東北大学大学院経済学研究科に所属していた澁谷は，その後，学習院大学国際社会科学部へと移った。また諸事情によって共同研究への参加が実現しなかった若手研究者も，大学院生から大学教員になった。いま振り返ると，短いようで長い4年間であった。

本書のベースとなっている研究は，公益財団法人吉田秀雄記念事業財団の研究助成を受けたものである。同財団からの2年間にわたる助成がなければ，本研究は完成しなかった。また選考委員の諸先生からは，数多くの有意義なご助言をいただいた。中でも亀井昭宏先生（早稲田大学名誉教授），仁科貞文先生（青山学院大学名誉教授），疋田聰先生（東洋大学名誉教授），田中洋先生（中央大学大学院戦略経営研究科教授），清水聰先生（慶應義塾大学商学部教授）からは，直接，いくつものご助言をいただいた。

　本書が完成するまでには，多くの方のご支援があった。とりわけ久保田と澁谷の恩師である宮澤永光先生（早稲田大学名誉教授）と和田充夫先生（慶應義塾大学名誉教授）には，この場を借りて心よりお礼を申し上げたい。公益財団法人吉田秀雄記念事業財団からは，上述した研究助成に加え，出版助成でもご支援をいただくことになった。また同財団の馬場栄一氏，橋本研一郎氏，布施博嗣氏，沓掛涼香氏には折々にわたり，大変お世話になった。株式会社有斐閣からは，私たちの研究をすばらしい書籍として出版する機会をいただくことになった。同社の柴田守氏，藤澤秀彰氏，井上智香子氏には，出版の企画から発行まで，心細やかなサポートをしていただいた。そのほか紙面の都合もあり，すべての方のお名前をあげることはできないが，学術研究をとりまく環境が厳しさを増す中，こうしてさまざまな方からご支援をいただけたことは，大変幸せなことであり，心より感謝をする次第である。

　最後になるが，久保田はいつも研究活動を温かく見守ってくれる妻の有紀と娘の紗世に，澁谷はどのようにすれば人生がより愉快で充実したものになるかについて，いつも的確な助言とサポートをくれる妻の美穂に感謝をするとともに，この本を捧げたく思っている。

　　2018年11月

　　　　　　　　　　　　　　　　　　　　　久保田進彦・澁谷覚

本書の研究は「平成28年度（第50次）吉田秀雄記念事業財団助成研究」を受けたものである。

　本書の研究は「第15回助成研究吉田秀雄賞（常勤研究者の部）」を受賞したものである。

　本書の出版は「平成30年度　吉田秀雄記念事業財団　出版助成」を受けたものである。

　本書の出版は「青山学院大学経営学会　出版助成」を受けたものである。

索　引

事項索引

❖ あ　行

意見形成　137
印象形成　54
　　カテゴリー概念にもとづく――　56
インタレスト・グラフ　10, 25, 27, 157
エネブラー型プラットフォーム　18, 159,
　　161
オフラインの個人間コミュニケーション
　　9
織り込み効果　109, 112, 135, 142, 147
オンラインの個人間コミュニケーション
　　9

❖ か　行

確証バイアス　45, 65, 140
仮説1　53, 132
　　――2　62, 133
　　――3　67, 133
片面提示　62, 139
（本書の）仮定　7, 32, 33, 132
簡易な帰属過程　58
（行為者らの）関係の構造　28
機会主義的行動　30, 32, 35, 132
企業関与の通知　151
帰属過程理論　58
疑念効果　2, 33, 36, 64, 89, 133, 139, 145,
　　148
教育程度の影響　101, 134, 141, 146
（本書の）議論の焦点　2
クチコミと広告の影響力　137
クチコミの参照タイミング　37, 44, 145
クチコミ・プラットフォームの構造的問題
　　32, 148
クチコミ・マーケティングの基本原則
　　134-136, 145

経験の信頼性　143
行為者の分離性　28, 30, 32, 35, 132, 148
交渉における期待　64
構造的空隙　29
購買意図　43
顧客志向　150
個人間コミュニケーションの分類　9
個別記入型プラットフォーム　21
（クチコミの）混在性　34, 43
コンソーシャリティー　17, 158, 160

❖ さ　行

自己の社会的ステレオタイプ　64
事前のブランド選択行動　41, 44, 64, 70, 74,
　　145
実務的インプリケーション　144
シミュレーションとしてのクチコミ　47
集合型プラットフォーム　20, 27
　　――のコミュニケーション・スタイル
　　22
（クチコミの）集積性　34, 43
自由な閲覧の保障　151
主題の特定性　20, 21, 27, 132
消費者保護のためのインプリケーション
　　148
情報源効果　54
情報操作の容易性　28, 30, 32, 35, 132, 148
情報に対する選択的接触　65
情報の関係性　20
情報利益　29
情報リテラシー教育　150
信憑性　142, 143
信用性　55, 143
水平的交換市場　158
素性の不明確性　28, 31, 32
スポーク〔輻〕　18

203

精緻化見込みモデル　111, 142
精緻な情報処理　112, 142
精緻な認知的処理　141
正のクチコミ　34, 43
（クチコミの）正負バランス（効果）　34,
　41-43, 46, 70, 79, 85, 132, 137, 145
選択的情報接触　65
潜　伏　14
専門性　55, 143
ソーシャル型プラットフォーム　33, 34, 44,
　132
ソーシャル・グラフ　10, 25, 27, 157
ソーシャル・プラットフォーム　13, 14, 33
　――の定義　16
　――の分類　18

✣ た 行

ダイアグラム　157
態　度　64
タイプ A～D のコミュニケーション・スタ
　イル　22-24, 27
多数派認知　137
追加記入型プラットフォーム　20
デセプション〔欺瞞〕　150
統制利益　29

✣ な 行

内容選択の通知　151
（情報の）内容の構造　28
内容の相互依存性　20, 27, 132
二重の防衛メカニズム　148
認知的不協和　65, 110, 142
ネットワーク分析　157

✣ は 行

媒介中心性　29
（情報交換の）場の構造　28
ハブ〔軸〕　18
ハブ型プラットフォーム　18, 27, 159, 163
パワー　55
ピア・トゥ・ピア市場　158

非マーケター生成型プラットフォーム　35
フォーラム型プラットフォーム　18, 159,
　160
負のクチコミ　34, 43
プラットフォーマー　16
（クチコミの）プラットフォーム　13, 14,
　41, 43, 53, 70, 77
　――介在性　17, 158, 159
　――効果　85, 132, 137, 144, 148
　――の中心性　28, 29, 32, 35, 132, 148
　――の定義　15
プロモーショナル型プラットフォーム　34,
　44, 132
　――の倫理的ガイドライン　150
分離的な情報フロー　19
ペイド・ソーシャル型プラットフォーム
　155

✣ ま 行

マーケター生成型プラットフォーム　35
マッチメーカー型プラットフォーム　18,
　159, 162
マニピュレーション　150
満足〔期待される満足〕　43, 71
魅　力　55

✣ や 行

良いクチコミの悪いはたらき　136
弱い紐帯の力　13

✣ ら 行

ラズウェルの枠組み　41, 42, 115
利用意向　71
両面提示　62, 139
類似性　55, 71, 118, 142, 143, 145, 146
　関連する――　143
　関連属性における――　143

✣ わ 行

割引原理　58
割増原理　58

人名索引

Arndt, J.　47, 138
Aron, A.　118
Asch, S. E.　54, 137
Bagozzi, R. P.　10, 157
Baron, R. M.　124
Basil, M.　10
Berelson, B.　12
Bhatnagar, A.　48, 53
Bickart, B.　11, 60, 61
Bishop, G. F.　63, 141
Bither, S. W.　47
Blackwell, R. D.　46, 138
Bocarnea, M.　10
Bone, P. F.　138
Boush, D. M.　150
Brown, J. J.　10
Brown,W. J.　10
Bruner, J. S.　56
Burt, R. S.　29
Cacioppo, J. T.　111
Day, G. S.　138
DeRosa, C. S.　63, 141
Doh, S.-J.　50, 53, 62
Engel, J. F.　46, 138
Fay, B.　10, 11
Feick, L. F.　12
Feldman, S. P.　46
Festinger, L.　65
Ford, G. T.　9
Freeman, L. C.　29
Frey, D.　65, 110
Friestad, M.　150
Gatignon, H.　150
Gaudet, H.　12
Gauri, D. K.　48, 53
Goethals, G. R.　73
Granovetter, M. S.　13
Griffith, T. L.　64
Hale, J. L.　141

Han, I.　49, 53
Heinonen, K.　13
Higgins, E. T.　56
Hoffman, D. L.　11
Hovland, C. I.　55, 55, 63, 141, 143
Hwang, J.-S.　51, 53, 62
Janis, I. L.　55, 143
Johnston, L.　64
Jonas, E.　65, 66
Jones, C. R.　56
Katz, E.　10
Kegerreis, R. J.　46, 138
Keller, E.　10, 11
Kelley, H. H.　54, 55, 58, 143
Kelman, H. C.　55
Kenny, D. A.　124
Klein, L. R.　9
Kozinets, R. V.　10, 15–18, 30, 158, 159
Lasswell, H. D.　41, 42
Lazarsfeld, P. F.　10, 12
Lee, J.　35, 49, 53, 59
Lerman, D.　59
Lim, Y. S.　11
Lumsdaine, A. A.　55, 63, 141
Lundgren, S. R.　64
McGuire, W. J.　55, 118
Nass, C.　144
Nelson, R. E.　73
Nemeth, C.　65
Newhagen, J.　144
Noelle-Neumann, E.　137
Northcraft, G. B.　64
Novak, T. P.　11
Oldendick, R. W.　63, 141
Park, D.-H.　49, 53
Perren, R.　15, 17, 18, 30, 158, 159
Petty, R. E.　111
Pinkley, R. L.　64
Pollitt, C.　10, 157

Price, L. L.   12
Prislin, R.   64
Rao, R.   48, 53
Rashad, M.   10
Reagans, R.   11
Reingen, P. H.   10
Rholes, W. S.   56
Rogers, J.   65
Rouse, M.   10, 157
rr11   157
Schindler, R. M.   11, 60, 61
Schulz-Hardt, S.   65
Schumann, D.   111
Sen, S.   59
Sheffield, F. D.   55, 63, 141
Sheth, J. N.   138
Spencer, M. C.   46
Thelen, N.   65
Tuchfarber, A. J.   63, 141
Van Der Heide, B.   11
Webster, F. E., Jr.   138

Weiss, W.   55
Williamson, O. E.   35
Wright, P.   47, 150
Youn, S.   35, 59

浅谷公威   137
大橋弘忠   137
小川祐樹   137
久保田進彦   20, 150
澁谷覚   10, 11, 51, 53, 62, 118, 143, 150
須永努   150
竹内理   87
立本博文   15, 30
外山みどり   58
鳥海不二夫   137
深田博己   63
水本篤   87
宮田加久子   137
村山航   124
山本仁志   137

♣ 著者紹介

久保田進彦（くぼた　ゆきひこ）

現職：青山学院大学経営学部教授，博士（商学）
専門分野：マーケティング
主著：『リレーションシップ・マーケティング――コミットメント・アプローチによる把握』（有斐閣，2012 年），『はじめてのマーケティング』（共著，有斐閣ストゥディア，2013 年），『フェイス・トゥ・フェイス・ブック――クチコミ・マーケティングの効果を最大限に高める秘訣』（共訳，有斐閣，2016 年）ほか
受賞：日本商業学会賞優秀論文賞（2007 年），公益財団法人吉田秀雄記念事業財団　助成研究吉田秀雄賞（2011 年），日本商業学会奨励賞（2013 年），公益財団法人吉田秀雄記念事業財団　助成研究吉田秀雄賞（2017 年）

澁谷　覚（しぶや　さとる）

現職：学習院大学国際社会科学部教授，博士（経営学）
専門分野：マーケティング，消費者行動
主著：『類似性の構造と判断――他者との比較が消費者行動を変える』（有斐閣，2013 年），『はじめてのマーケティング』（共著，有斐閣ストゥディア，2013 年），『フェイス・トゥ・フェイス・ブック――クチコミ・マーケティングの効果を最大限に高める秘訣』（共訳，有斐閣，2016 年）ほか
受賞：財団法人吉田秀雄記念事業財団　助成研究吉田秀雄賞　奨励賞（2010 年），日本商業学会賞優秀論文賞（2012 年），公益財団法人吉田秀雄記念事業財団　助成研究吉田秀雄賞（2017 年）

そのクチコミは効くのか
The Doubt Effect: Is This Word of Mouth Effective?

2018 年 12 月 20 日　初版第 1 刷発行

著　者	久保田進彦
	澁谷　覚
発行者	江草貞治
発行所	株式会社　有斐閣

郵便番号 101-0051
東京都千代田区神田神保町 2-17
電話　(03)3264-1315〔編集〕
　　　(03)3265-6811〔営業〕
http://www.yuhikaku.co.jp/

印刷・株式会社理想社／製本・大口製本印刷株式会社
© 2018, Yukihiko Kubota and Satoru Shibuya Printed in Japan
落丁・乱丁本はお取替えいたします。
★定価はカバーに表示してあります。

ISBN 978-4-641-16537-3

JCOPY　本書の無断複写（コピー）は、著作権法上での例外を除き、禁じられています。複写される場合は、そのつど事前に（一社）出版者著作権管理機構（電話03-5244-5088, FAX03-5244-5089, e-mail:info@jcopy.or.jp）の許諾を得てください。